网络与新媒体专业系列丛书

新媒体内容创作项目化教程

陈嘉睿 著

清华大学出版社
北京

内 容 简 介

本书以任务式教学为特点，通过丰富的项目实训案例，系统、全面地介绍了新媒体文案、音频、视频、直播等内容创作的方法、步骤和技巧。

本书共分为5个项目，项目1讲解了新媒体内容创作的基础知识，主要包括新媒体内容创作的概念、形态、特点及新媒体内容创作的团队组建、产品思维、用户思维、流量思维、营销思维、竞争思维等；项目2讲解了新媒体文案创作的实用知识，主要包括新媒体文案创作的基本要求、文案的产品分析、市场分析、内容策划要点、标题写作技巧、正文写作技巧及图文编辑排版技巧；项目3讲解了新媒体音频内容创作的实用知识，主要包括新媒体音频的特点、价值、常见平台、内容分类及有声读物的选题策划、出版流程等；项目4讲解了新媒体短视频内容创作的实用知识，主要包括新媒体短视频的特点、价值、定位知识及账号创建、内容构成、内容类型、内容策划要点及视频拍摄要点、构图技法、运镜技法等；项目5讲解了新媒体直播内容创作的实用知识，主要包括直播营销的基础内容、直播设备选择要点、直播场景布置要点、直播内容策划要点（人设、产品、话术、脚本）、直播引流技巧及常见的直播间玩法活动、直播数据分析思路、方法等。

本书内容全面，专业性较强，能够切实有效地帮助读者掌握新媒体文案、音频、视频、直播的相关方法、技巧以及案例实战操作。本书可作为新媒体从业者学习文案、音频、视频、直播等营销方式的入门指南，也可作为高等院校电子商务、新媒体、数字媒体与广告、视频后期等相关专业课程的教材。

版权所有，侵权必究。举报：010-62782989，beiqinquan@tup.tsinghua.edu.cn。

图书在版编目(CIP)数据

新媒体内容创作项目化教程 / 陈嘉睿著. -- 北京：清华大学出版社, 2024.8. -- (网络与新媒体专业系列丛书). -- ISBN 978-7-302-67070-4

Ⅰ. G206.2

中国国家版本馆CIP数据核字第2024F9H677号

责任编辑：黄　芝　薛　阳
封面设计：刘　键
版式设计：方加青
责任校对：申晓焕
责任印制：丛怀宇

出版发行：清华大学出版社
网　　址：https://www.tup.com.cn, https://www.wqxuetang.com
地　　址：北京清华大学学研大厦A座
邮　　编：100084
社　总　机：010-83470000
邮　　购：010-62786544
投稿与读者服务：010-62776969, c-service@tup.tsinghua.edu.cn
质　量　反　馈：010-62772015, zhiliang@tup.tsinghua.edu.cn

印　装　者：涿州汇美亿浓印刷有限公司
经　　销：全国新华书店
开　　本：185mm×260mm　印　张：12.5　字　数：281千字
版　　次：2024年9月第1版　印　次：2024年9月第1次印刷
印　　数：1～2000
定　　价：59.80元

产品编号：102837-01

前言

本书的编写初衷

由于新媒体符合互联网的发展趋势,能够满足企业的多元化需求,提供更具针对性的营销解决方案,因此受到企业的追捧。新媒体具有多种优势,可以帮助企业降低成本、扩大市场覆盖度、增强品牌形象、提高营销效率,是现代企业营销策略中不可或缺的一部分。

值得一提的是,新媒体对于企业而言是机会,对于内容创作者更是机会。不少内容创作者涌入新媒体市场,希望分得一杯羹。为了让更多人获得新媒体内容创作的理论与实践,我们为新媒体内容创作者量身打造了这本项目实战教材,旨在帮助学习者全面掌握新媒体文案、音频、视频、直播等内容创作的实用技巧,以创作出高质量的内容。

本书的内容

本书遵循理论与实践相结合的理念,全面系统地介绍了当前热门的新媒体文案、音频、视频、直播的内容创作技巧。除此之外,我们还进行了大量的调研和分析,研究了上百个热门文案、音频、视频、直播等,采访了众多新媒体创作者,并收集了丰富的资料。经过长时间的整理与提炼,将一系列真实有用的新媒体内容创作基础与实操编纂成册,供新媒体内容创作者参考和学习。

本书共分为5个项目和多个任务,采用"基本知识+操作技巧+课堂实训+课后练习"的体例结构进行编写,全书践行了有思想、有目标、有方法、有操作、有实战的教学理念,不仅适合想快速入门的初学者作为学习手册,也适合作为高等院校新媒体数字化、影视广告制作、视频后期,以及电子商务相关专业的教材使用。

项目1讲解了新媒体内容创作的基础知识,包括新媒体内容创作的概念、形态、特点及新媒体内容创作的团队组建和思维等。

项目2讲解了新媒体文案创作的实用知识,包括新媒体文案创作的基本要求、策划要点、标题写作技巧、正文写作技巧以及图文编辑排版技巧等。

项目3讲解了新媒体音频创作的实用知识,包括新媒体音频创作的特点、价值、平台及新媒体音频策划、创作要点等。

项目 4 讲解了新媒体短视频创作的实用知识，包括新媒体短视频创作的特点、价值、账号定位及短视频的策划、拍摄、制作、发布要点等。

项目 5 讲解了新媒体直播创作的实用知识，包括新媒体直播创作简介、平台及打造直播间要点、直播策划要点、直播引流要点、直播间玩法、直播复盘等。

在编写过程中，尽管作者着力打磨内容，精益求精，但由于个人水平有限，书中难免有不足之处，欢迎广大读者提出宝贵意见和建议，以便后续的再版修订。

作者
2024 年 6 月

目录

项目 1　新媒体内容创作基础 / 1

任务 1.1　认识新媒体内容创作 / 2
子任务 1.1.1　新媒体内容创作的特点和作用 / 2
子任务 1.1.2　新媒体内容的形态 / 4
子任务 1.1.3　新媒体内容平台及特点 / 4

任务 1.2　新媒体内容创作团队的组建和职责 / 12
子任务 1.2.1　新媒体内容创作团队的组建 / 13
子任务 1.2.2　新媒体内容创作团队的职责 / 14

任务 1.3　新媒体内容创作的思维方式 / 15
子任务 1.3.1　产品思维 / 16
子任务 1.3.2　用户思维 / 17
子任务 1.3.3　流量思维 / 18
子任务 1.3.4　营销思维 / 19
子任务 1.3.5　竞争思维 / 20

课堂实训 1　阐述常见新媒体平台的用户特征、优缺点及选择建议 / 23
课堂实训 2　旅游类新媒体内容创作者的职责 / 23
课后作业 / 24

项目 2　新媒体文案创作 / 25

任务 2.1　新媒体文案创作的基本要求 / 26

任务 2.2　新媒体文案的策划要点 / 26
子任务 2.2.1　产品分析，提取卖点 / 27
子任务 2.2.2　市场分析，用户画像 / 27
子任务 2.2.3　内容策划，创意亮点 / 28

任务 2.3　新媒体文案标题写作 / 28
　　子任务 2.3.1　新媒体文案标题的作用 / 29
　　子任务 2.3.2　新媒体文案标题的特征 / 30
　　子任务 2.3.3　新媒体文案标题创作的常用技巧 / 32

任务 2.4　新媒体文案正文写作 / 36
　　子任务 2.4.1　新媒体文案正文的结构 / 37
　　子任务 2.4.2　新媒体文案正文写作的技巧 / 39
　　子任务 2.4.3　新媒体文案正文写作的基本原则 / 41
　　子任务 2.4.4　新媒体文案正文的写作方法 / 42

任务 2.5　新媒体图文编辑排版 / 45
　　子任务 2.5.1　字体、字号设计 / 45
　　子任务 2.5.2　图文排版设计 / 48
　　子任务 2.5.3　常用的新媒体排版工具 / 50

课堂实训　撰写旅游电商产品详情页文案 / 54
课后作业 / 56

项目 3　新媒体音频创作 / 57

任务 3.1　认识新媒体音频 / 58
　　子任务 3.1.1　新媒体音频的特点 / 58
　　子任务 3.1.2　新媒体音频的价值 / 59
　　子任务 3.1.3　新媒体音频平台 / 60

任务 3.2　音频内容的策划 / 62
　　子任务 3.2.1　新媒体音频的常见格式 / 62
　　子任务 3.2.2　音频内容的分类 / 65
　　子任务 3.2.3　有声读物及其种类 / 70
　　子任务 3.2.4　有声读物的选题策划 / 70

任务 3.3　音频内容的创作 / 71
　　子任务 3.3.1　有声读物的出版流程 / 71
　　子任务 3.3.2　不同音频内容的制作要点 / 72
　　子任务 3.3.3　付费音频稿的创作 / 75

课堂实训　录制有声书的步骤 / 77
课后作业 / 80

项目 4　新媒体短视频创作 / 81

任务 4.1　认识新媒体短视频 / 82
子任务 4.1.1　短视频的特点 / 82
子任务 4.1.2　短视频的价值 / 83

任务 4.2　打造短视频账号 / 84
子任务 4.2.1　短视频账号定位 / 84
子任务 4.2.2　创建短视频账号 / 86

任务 4.3　短视频的内容策划 / 87
子任务 4.3.1　短视频的内容构成 / 87
子任务 4.3.2　短视频的内容类型 / 92
子任务 4.3.3　短视频的内容策划要点 / 98
子任务 4.3.4　编写短视频脚本 / 98

任务 4.4　短视频拍摄 / 99
子任务 4.4.1　短视频拍摄要点 / 100
子任务 4.4.2　短视频构图技法 / 101
子任务 4.4.3　短视频运镜技法 / 105
▶子任务 4.4.4　使用手机拍摄短视频 / 110

任务 4.5　短视频制作 / 112
子任务 4.5.1　短视频制作常用软件 / 112
▶子任务 4.5.2　使用剪映 App 剪辑短视频 / 114
▶子任务 4.5.3　使用 Premiere 剪辑短视频 / 119

任务 4.6　短视频发布 / 139
子任务 4.6.1　短视频发布的要求 / 139
▶子任务 4.6.2　导出与发布视频 / 139

课堂实训 1　拍摄雪山旅游短视频要点 / 141

课堂实训 2　撰写带货短视频脚本 / 143

课后作业 / 144

项目 5　新媒体直播内容创作 / 145

任务 5.1　认识新媒体直播 / 146
子任务 5.1.1　直播的特点与优势 / 146
子任务 5.1.2　选择直播平台 / 149

任务 5.2　打造个性化的直播间 / 151
子任务 5.2.1　选择直播设备 / 151

子任务 5.2.2　直播场景布置 / 155

任务 5.3　直播内容策划 / 157
　　　　子任务 5.3.1　人设策划 / 157
　　　　子任务 5.3.2　直播产品策划 / 158
　　　　子任务 5.3.3　直播话术策划 / 160
　　　　子任务 5.3.4　直播的基本流程 / 161
　　　　子任务 5.3.5　设计直播脚本 / 163

任务 5.4　直播引流 / 165
　　　　子任务 5.4.1　直播间流量入口分析 / 165
　　　　子任务 5.4.2　付费引流 / 169
　　　　子任务 5.4.3　短视频引流 / 170
　　　　子任务 5.4.4　连麦引流 / 171

任务 5.5　直播间玩法 / 173
　　　　子任务 5.5.1　抽奖活动 / 173
　　　　子任务 5.5.2　秒杀活动 / 174
　　　　子任务 5.5.3　发放优惠券 / 175

任务 5.6　直播复盘 / 176
　　　　子任务 5.6.1　直播数据分析思路 / 176
　　　　子任务 5.6.2　直播数据分析工具 / 177
　　　　子任务 5.6.3　直播数据分析方法 / 178
　　　　子任务 5.6.4　直播数据常用指标 / 180
　　　　子任务 5.6.5　制订优化数据方案 / 183

课堂实训 1　抖音开播操作 / 187
　课堂实训 2　手机端添加直播商品 / 189
　　课后作业 / 189

项目 1　新媒体内容创作基础

> **学习目标**

- 掌握新媒体内容创作的特点。
- 掌握新媒体内容的形态。
- 掌握新媒体内容创作的团队组建。
- 掌握新媒体内容创作的职责。
- 掌握新媒体内容创作的思维方式。

新媒体内容创作在新媒体时代具有重要意义,可以满足用户需求、提升品牌形象、增加流量和曝光度,建立用户社群及促进销售转化。因此,企业和个人都应该注重新媒体内容创作,提供有价值、有深度的内容,以满足用户的需求和期望。本项目从新媒体内容创作的基础知识出发,介绍了新媒体内容创作的特点、形态、团队组建及思维方式等。

任务 1.1　认识新媒体内容创作

新媒体内容创作是指通过互联网、移动设备等新兴媒体平台,创作并发布各种形式的内容,如文字、图片、视频、音频等,以吸引和满足目标受众的需求。这种内容创作形式与传统媒体相比具有更高的互动性和传播性,能够更快地传递信息和吸引受众的注意力。

子任务 1.1.1　新媒体内容创作的特点和作用

在新媒体时代,内容创作已经成为一种重要的职业和技能。无论是个人创作者还是企业机构,都需要掌握新媒体内容创作的技巧和方法,以更好地传播信息、推广品牌、吸引用户。因此,了解新媒体内容创作的特点和作用,对于提升个人职业素养和推动新媒体行业发展都具有重要意义。

新媒体内容创作的特点可以从以下几方面进行阐述,如图 1-1 所示。

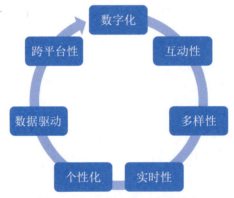

图 1-1　新媒体内容创作的特点

- ➢ 数字化:新媒体内容创作主要依赖于数字技术和互联网,这使得内容可以更方便、更快捷地传播到全球各地。
- ➢ 互动性:新媒体内容不再是单向传播,而是可以实现双向互动。受众可以通过评论、点赞、转发等方式参与到内容的创作和传播中来。
- ➢ 多样性:新媒体内容创作形式多种多样,可以是文字、图片、视频、音频等,这使得内容更加丰富多彩,能够满足不同受众的需求。
- ➢ 实时性:新媒体内容创作可以实现实时传播,这使得内容更加新鲜、及时,能够紧跟时事热点。
- ➢ 个性化:新媒体内容创作可以根据不同受众的需求和兴趣进行定制,以实现个性化传播。
- ➢ 数据驱动:新媒体内容创作越来越依赖于数据分析。通过分析用户的阅读、观看和互动数据,创作者可以了解哪些内容受欢迎,哪些需要改进,从而更有针对性地进行内容创作和优化。
- 跨平台性：新媒体内容往往需要在多个平台进行发布和推广，如社交媒体、博客、视频网站等。这要求内容创作者了解不同平台的特点和用户习惯，进行跨平台的内容适配和优化。

新媒体内容创作的特点使得其更加灵活、高效和具有吸引力。不仅如此，新媒体内容创作还具有如图 1-2 所示的重要作用。

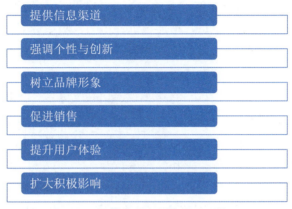

图 1-2　新媒体内容创作的重要作用

（1）提供信息渠道：新媒体创作通过互联网等平台传播各种信息，为人们提供了更广泛地获取信息的途径。相比于传统媒体，新媒体的写作方式更加灵活和自由，更容易吸引读者的注意力。通过新媒体，人们可以随时随地获取最新的资讯和知识，使得信息传播更加迅速高效。

（2）强调个性与创新：新媒体创作注重个性化和创新性，鼓励个体表达自己的观点和思想。相比于传统媒体的一对多传播方式，新媒体创作更加强调读者参与和互动，使得信息传递更加多元化和丰富化。个性化的写作风格和观点，能够吸引更多读者关注和参与讨论，进一步扩大影响力。

（3）树立品牌形象：通过创作优质的新媒体内容，企业可以树立自己的品牌形象，增强品牌知名度和美誉度。同时，通过与受众的互动和传播，可以进一步提升品牌影响力和用户忠诚度。

（4）促进销售：新媒体内容创作可以通过引导受众参与、提供优惠信息等方式，促进企业的产品销售和服务推广。同时，通过与受众的互动，可以了解受众需求和反馈，进一步改进产品和服务。

（5）提升用户体验：通过创作优质的新媒体内容，企业可以提供更好的用户体验和服务。例如，通过提供实用的知识和技巧、解答用户疑问等方式，可以提升用户对企业的信任度和满意度。

（6）扩大积极影响：通过创作和传播正能量的新媒体内容，企业可以积极履行社会责任，对社会产生积极的影响。例如，通过传播公益信息、倡导环保等方式，可以提升企业的社会形象和社会责任感。

新媒体内容创作的作用使得新媒体内容创作成为企业运营和发展的重要手段之一。

子任务 1.1.2　新媒体内容的形态

新媒体内容的形式有很多种，以下为一些常见的内容形态。

（1）文字：包括各种类型的文章、博客、评论、新闻稿等。这些内容形式通过文字来传达作者的观点、信息、故事等，吸引读者并激发他们的兴趣。

（2）图片：图片是新媒体中非常重要的内容形态之一，包括摄影照片、插图、图表、漫画等。它们可以提供更直观的信息，增加视觉冲击力，吸引读者的注意力。

（3）视频：视频包括电影、电视剧、短视频、直播等，具有非常强烈的视觉和听觉冲击力，能够让受众更加深入地了解和体验内容。

（4）音频：音频包括音乐、播客、有声小说、语音文章等，可以让受众在听觉上得到满足，同时也能作为辅助手段来帮助表达内容。

（5）互动式内容：如游戏、交互式故事、虚拟现实体验等，这些内容形式让受众能够更加主动地参与到内容中，提高体验感和参与度。

（6）数据式内容：数据式内容指的是通过数据、统计、图表等形式呈现的信息，包括数据分析报告、数据可视化、信息图表等。这类内容可以提供精准的信息和深入的见解，帮助读者更好地了解某个领域的情况。

（7）社交媒体内容：社交媒体平台如微博、抖音、微信等，具有很强的互动性和传播性，其内容形式包括各类帖子、短视频、直播等。

以上这些新媒体内容形态都可以通过互联网和数字技术进行传播，具有多样性和强互动性的特点，能够随时随地触达广大的受众群体。

子任务 1.1.3　新媒体内容平台及特点

新媒体内容平台具有强互动性。这些平台允许用户发布各种类型的内容，如文字、图片、视频、音频等，同时也可以通过点赞、评论、分享等方式与其他用户进行互动。此外，新媒体内容平台还具有多样性，提供了多种内容形态和传播渠道，如社交媒体、博客、视频网站、音频平台等，满足了不同用户的兴趣和需求。这里我们将新媒体平台分为社交平台、资讯平台、音频平台、视频平台和直播平台几大类。

1. 社交平台

社交媒体内容是新媒体内容中非常流行的一种形态，包括在微博、微信、抖音、快手等平台上发布的内容。社交媒体内容可以通过文字、图片、视频、音频等多种方式进行美化，以提高互动性和传播性。常见的社交新媒体内容运营平台主要包括微信、微博、知乎及小红书等。

1）微信

微信是一款由腾讯公司开发的即时通信工具，于 2011 年上线。它支持发送语音短信、视频、图片和文字，可以单聊及群聊。此外，微信还提供了公众号平台、朋友圈、消息推送等功能，用户可以通过"摇一摇""搜索号码""附近的人"及扫二维码等方式添加好友和关注公众号平台。同时，微信还支持将内容分享给好友及将用户看到的精彩内容分享到微信朋友圈。截至 2016 年第二季度，微信已经覆盖了中国 94% 以上的智能手机，月活跃用户数达到 8.06 亿。微信平台的新媒体内容营销主要体现在如图 1-3 所示的几方面。

图 1-3　微信平台的新媒体内容营销

（1）建立公众号：在微信上开展新媒体营销的第一步是建立自己的公众号。公众号是微信用户关注的核心，可以用来分享企业的最新动态、产品、服务，还可以利用公众号进行推广和宣传。好的公众号应该包括清晰的内容定位、优质的内容和稳定的推送发布周期等特点。为了提高公众号的曝光率和吸引更多用户关注，企业还可以将公众号二维码添加到网站、名片和其他宣传品中。

（2）朋友圈营销：朋友圈是微信用户最活跃的地方之一，也是企业进行新媒体营销的重要场所。企业可以通过朋友圈广告、H5 页面、小程序等方式，向用户推送个性化的内容和活动，吸引用户的关注和参与。

（3）微信群营销：微信群是微信用户进行社交活动的重要场所之一，也是企业进行新媒体营销的重要渠道之一。企业可以通过建立微信群，向用户推送优惠信息、产品介绍、活动宣传等内容，吸引用户的关注和参与。

（4）微信小程序营销：微信小程序是一种轻量级的应用程序，可以在微信内直接打开和使用。企业可以通过自己的小程序，向用户提供便捷的服务和体验，吸引用户的关注和使用。

（5）微信广告营销：微信广告是微信官方提供的一种广告形式，可以在微信公众号文章底部、朋友圈、微信群等位置展示。企业可以通过投放微信广告，向用户推送个性化的内容和活动，吸引用户的关注和参与。

2）微博

根据相关数据，2023 年 6 月，微博的月活跃用户数为 5.99 亿，同比净增长约 1 700 万，其中移动端用户占月活跃用户数的 95%。2023 年 6 月的日均活跃用户数为 2.58 亿，同比净增长约 500 万。由于用户数量大，微博也成为广大自媒体和企业使用较多的内容营销平台。微博平台之所以是热门新媒体内容运营平台，除了用户基数大及活跃度高外，还有如下原因。

（1）微博营销成本低，效果好。相比传统的广告方式，微博营销的成本较低，而且营销效果好。企业可以通过发布优质的内容、话题营销等方式，迅速吸引用户的关注和讨论，从而达到宣传和推广的目的。

（2）微博平台互动性强，容易产生口碑传播。微博平台上的用户互动性强，企业可以通过回复用户评论、私信等方式，与用户建立互动关系，了解用户需求，提供个性化服务。同时，用户也可以通过点赞、转发等方式对企业发布的内容进行评价和分享，容易产生口碑传播。

（3）微博平台具有强大的社交属性。微博平台的用户可以关注自己感兴趣的人或话题，与企业或意见领袖建立联系。企业可以利用这一特点，通过发布有价值的内容及组织活动等方式，吸引用户的关注和参与，从而建立长期稳定的客户关系。

（4）微博平台提供了丰富的数据分析工具。企业可以通过平台提供的工具了解用户需求和行为，从而实现精准营销，提高营销效果。

3）知乎

根据相关数据，知乎 2023 年第二季度的平均月活跃用户数达到 1.094 亿，用户活跃度也较高。知乎成为热门新媒体内容营销平台的原因如下。

（1）知乎平台用户基数大，活跃度高。知乎平台拥有数亿的用户，用户活跃度高，每天产生大量的信息交互，为企业提供了广泛的受众基础。

（2）知乎平台可信度高。知乎是互联网上最大的中文知识内容平台，营造出了一种职业友好的社区氛围，无论你从事什么工作，都可以在平台上畅所欲言，分享自己感兴趣的内容，得到自己想要的答案。在营销上有天然优势，尤其是在内容营销上。

（3）知乎平台的内容吸引力强。很多人把这个平台看作是"信息搜寻器"，因为可以在知乎上看到关于某个问题、某个现象的专业内容，甚至是知识百科。如今，流量被商业性的话语所取代，知乎在专业化、垂直化、深度化的各个领域都拥有优质内容，成为人们探索世界的载体。通过高质量内容吸引用户，传递高质量内容，与消费者建立信任关系，不断加深用户的好感度，这也让不少用户在知乎上产生了进一步了解品牌的需求，也为品牌打造高质量内容架起了信任的桥梁。

（4）知乎平台具有深度认知用户习惯的能力。在知乎主页上了解用户关注的推荐内容，从知乎热搜上了解当天的热门事件，从圈子里的内容中寻找兴趣相投的爱好者等，"内容"就会随时随地触达用户，浏览手机就会被"种草"。但在信息日益同质化、消费者日益理性的今天，浏览知乎并不只是为了获得信息，而是在考虑品牌与自身的匹配程度。"别人的经验"，"消费者的信任"，比单纯的资讯轰炸更有说服力。足够的深度认知是缩短用户决策时间的科学依据。因此营销推广要做的不是抢热点、增加曝光度、高效率触达，而是强化消费者决策链。追逐热点只是一时之快，吸引用户的注意力，建立持续的深度认知才是关键。知乎内容营销充分调动了消费者情绪，品牌和内容在知乎形成了优质内容沉淀，内容长尾效应促使品牌从抢夺消费者注意力转移到建立深度认知。

（5）知乎平台具有精准塑造品牌价值的能力。无论哪一个平台，都会建立起深刻的认知，从少为人知到相互熟悉，从共同的兴趣到相互信任。对消费者来说，浏览最新的热点事件，对奇闻逸事的好奇心是天性，这种将品牌和热点相结合的营销方式用户接受度高，甚至会直接引发社交话题。对品牌方而言，难以精准找到用户并获得用户信息，更不要说让消费者主动关注了。在知乎，品牌方可以与用户直接对话，刚需用户遇到更了解其需求的品牌方，得到的答案不仅更有价值，而且更可信。

4）小红书

小红书从社区起家，是一个生活方式平台和消费决策入口。根据相关数据，截至2023年1月，小红书的用户数量超过3.5亿。其中，24岁以下人群占比达到58.3%，女性用户占比高达87%，线上高消费人群占比51%。这些强大的消费人群聚集，使小红书具有很强的电商属性。小红书成为热门内容营销平台的原因如下。

（1）用户基数大，活跃度高。小红书平台拥有数亿的用户，用户活跃度高，每天产生大量的信息交互，为企业提供了广泛的受众基础。

（2）定位清晰，受众精准。小红书平台以年轻女性为主要用户群体，是时尚美妆领域的忠实粉丝，这也为品牌如何找准自己的目标受众提供了依据。

（3）内容丰富，形式多样。小红书平台上的内容涵盖了美妆、时尚、家居、旅行、美食等多个领域，形式多样，包括图文、视频、直播等，能够满足不同用户的需求和兴趣。

（4）互动性强，容易产生口碑传播。小红书平台上的用户互动性强，企业可以通过回复用户评论、私信等方式，与用户建立互动关系，了解用户需求，提供个性化服务。同时，用户也可以通过点赞、转发等方式对企业发布的内容进行评价和分享，容易产生口碑传播。

（5）具有强大的社交属性。小红书平台具有强大的社交属性，用户可以关注自己感兴趣的人或话题，与企业或意见领袖建立联系。企业可以利用这一特点，通过发布有价值的内容、组织活动等方式，吸引用户的关注和参与，从而建立长期稳定的客户关系。

（6）提供了丰富的数据分析工具。小红书平台提供了丰富的数据分析工具，企业可以通过这些工具了解用户需求和行为，从而实现精准营销，提高营销效果。

新媒体内容的社交平台不仅限于微信、微博、知乎及小红书，还有其他平台。创作者可根据具体情况选择合适的营销方式，并结合自己的品牌形象和产品特点进行创意和创新。

2. 资讯平台

资讯平台的内容营销主要是通过发布有价值的、有吸引力的资讯内容，吸引潜在客户的关注，从而达到推广品牌或产品的目的。今日头条就是常见的资讯平台之一。今日头条是抖音集团开发的一款基于数据挖掘的推荐引擎产品，为用户推荐信息、提供连接人与信息服务的产品。今日头条的"千人千面"推荐技术，通过内容来匹配粉丝推荐，根据不同人群的兴趣推荐不同的内容。这样的推荐机制，能够把新媒体运营者的内容推荐给精准的目标人群，实现精准化营销。

今日头条智能算法平台是其核心技术之一，它通过人工智能和机器学习等技术，对用户的兴趣、需求和行为进行分析，为用户推荐个性化的内容。今日头条智能算法平台主要包括以下几个部分。

（1）用户画像：通过对用户的行为和兴趣进行分析，建立用户的画像，包括用户的性别、年龄、地域、职业和兴趣等方面的信息。

（2）内容推荐：根据用户的画像和历史行为，为用户推荐个性化的内容。今日头条的推荐算法会根据用户的兴趣和行为，从海量的内容中筛选出符合用户需求的内容，并将其推荐给用户。

（3）反馈机制：用户可以通过点赞、评论、分享等方式对推荐的内容进行反馈，这些反馈会被算法所记录，并用于优化推荐算法。

（4）内容审核：今日头条的智能算法平台还具备内容审核的功能，能够对发布的内容进行自动审核，确保内容的合规性和安全性。

（5）数据分析和优化：通过对用户数据和推荐效果的分析，可以对算法进行优化和改进，提升推荐算法的准确性和效果。

今日头条智能算法平台能够为品牌提供更精准、更有价值的营销服务。

对于内容运营而言，除了微信、微博等营销渠道外，还可以使用新闻客户端来做推广。新闻客户端 App 营销有着如图 1-4 所示的优势。

图 1-4　新闻客户端 App 营销优势

在众多的新闻客户端中，建议新媒体运营者使用今日头条做营销。头条号上目前有图文引流、视频引流、直播引流、悟空问答引流及评论引流等 5 种引流方式。

3. 音频平台

音频是新媒体内容中较为特殊的形态之一，包括播客、有声读物、音频广告等。音频内容可以通过声音、音乐、音效等方式进行美化，以提高可听性和吸引力。音频营销通常具有如图 1-5 所示的特点。

（1）多元化的音频内容形式：音频营销平台通常支持多种音频内容形式，如音频广告、有声读物、播客等，以满足企业不同的营销需求。

图 1-5　音频营销的特点

（2）精准的受众定位：音频营销平台通常具备强大的受众定位功能，可以根据用户的兴趣、行为、地理位置等信息，帮助企业精准地找到目标受众。

（3）高效的投放和监测：音频营销平台通常提供高效的投放和监测工具，企业可以实时了解广告的投放情况和效果，并根据数据进行优化和调整。

（4）丰富的数据分析功能：音频营销平台通常提供丰富的数据分析功能，企业可以通过数据分析了解用户的反馈和行为，为后续的营销策略提供参考。

常见的音频平台包括喜马拉雅 FM、蜻蜓 FM 等。作为中国最大的音频平台之一，喜马拉雅 FM 提供了多种音频广告形式，如品牌电台、主播口播、音频流广告等。企业可以根据自身的需求选择合适的广告形式进行投放。蜻蜓 FM 也提供了多种音频广告形式，如品牌电台、主播口播、音频流广告等。此外，蜻蜓 FM 还提供了精准的受众定位功能，帮助企业找到目标受众。

音频营销平台可以帮助企业更好地进行音频内容营销，提高品牌的知名度和美誉度。在选择音频营销平台时，企业需要根据自身的需求和预算选择合适的平台进行投放。

4. 视频平台

视频是新媒体内容中越来越受欢迎的形态之一，包括短视频、纪录片等。视频内容可以通过画面、音效、字幕等方式进行美化，以提高观赏性和吸引力。视频营销通常具有如图 1-6 所示的特点。

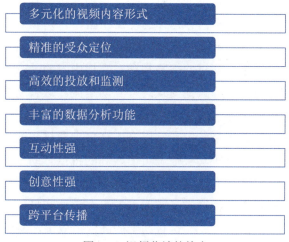

图 1-6　视频营销的特点

（1）多元化的视频内容形式：视频营销平台通常支持多种视频内容形式，如短视频、长视频等，以满足企业不同的营销需求。企业可以根据自身的产品和目标受众选择合适的视频形式进行营销。

（2）精准的受众定位：视频营销平台通常具备强大的受众定位功能，可以根据用户的兴趣、行为、地理位置等信息，帮助企业精准地找到目标受众。这有助于提高营销效果，避免浪费资源。

（3）高效的投放和监测：视频营销平台通常提供高效的投放和监测工具，企业可以实时了解广告的投放情况和效果，并根据数据进行优化和调整。这有助于企业更好地掌握营销进度和方向，提高营销效率。

（4）丰富的数据分析功能：视频营销平台通常提供丰富的数据分析功能，企业可以通过数据分析了解用户反馈，为后续的营销策略提供参考。这有助于企业更好地了解目标受众和市场趋势，制定更科学的营销策略。

（5）互动性强：视频营销平台通常具有较强的互动性，用户可以通过点赞、评论、转发等方式与品牌方进行互动。这有助于增强品牌的认知度和好感度，提高用户参与度。

（6）创意性强：视频营销平台通常具有较强的创意性，企业可以通过制作有趣、有创意的视频吸引用户的注意力。这有助于企业在竞争激烈的市场中脱颖而出，增强品牌的差异化优势。

（7）跨平台传播：视频营销平台通常支持跨平台传播，企业可以将视频内容分享到多个社交媒体平台或网站，扩大品牌的曝光度和影响力。这有助于企业更好地利用互联网资源，提高品牌的知名度和美誉度。

常见的视频平台包括抖音、快手等。视频内容营销平台可以帮助企业更好地进行视频内容营销，提高品牌的知名度和美誉度。在选择视频营销平台时，企业需要根据自身的需求和预算选择合适的平台进行投放。

5. 直播平台

直播也是新媒体内容中很受欢迎的一种形态，直播内容丰富多样且具有实时性，能快速拉近创作者与用户的距离。直播内容营销的特点如图1-7所示。

（1）实时互动性强：直播营销最显著的优势在于实时互动，能够即时收集用户反馈，以便获得最有效率的营销成果。通过网络直播观看直播内容的受众不仅可以与主播进行实时互动，还可以通过弹幕或评论与其他受众进行互动交流。这有助于增强用户的参与感和黏性，提高对品牌的认知度和好感度。

（2）真实性和可信度高：直播营销通常以真人真事为题材，通过真实的场景和情节展示产品或服务的特点和优势。这种真实性和可信度高的特点有助于增强用户对品牌的信任感和忠诚度，提高品牌的口碑和形象。

（3）目标受众精准：直播营销通常具有明确的受众定位和目标群体，可以根据用户的需求和行为习惯进行精准的定向推广。这有助于提高营销效果，避免浪费资源。

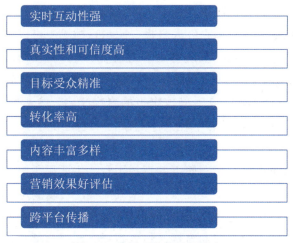

图 1-7 直播内容营销的特点

（4）转化率高：直播营销通常具有较高的转化率，因为用户在观看直播的过程中可以直接了解产品的特点和使用方法，减少了用户的决策时间和疑虑。同时，直播营销还具有强互动性和实时反馈性，可以即时解答用户的疑问和问题，进一步提高了转化率。

（5）内容丰富多样：直播营销的内容丰富多样，可以涵盖产品介绍、使用教程、专家讲解、娱乐互动等多种形式。这有助于满足用户的不同需求和兴趣，提高品牌的知名度和美誉度。

（6）营销效果好评估：直播营销通常具有明确的数据指标和评估体系，可以通过数据分析了解用户的反馈和行为，为后续的营销策略提供参考。这有助于企业更好地掌握营销进度和方向，提高营销效率。

（7）跨平台传播：直播营销通常支持跨平台传播，企业可以将直播内容分享到多个社交媒体平台或网站，扩大品牌的曝光度和影响力。这有助于企业更好地利用互联网资源，提高品牌的知名度和美誉度。

常见的直播内容营销平台如图 1-8 所示。

图 1-8 常见的直播内容营销平台

（1）淘宝直播：淘宝直播是阿里巴巴旗下的直播平台，主要用于电商直播。淘宝直播支持多种直播形式，包括普通直播、红人直播、明星直播等，可以满足不同商家的需求。

（2）抖音直播：抖音直播是字节跳动旗下的直播平台，主要用于短视频和直播。抖音直播的受众主要是年轻人，商家可以通过抖音直播推广潮流产品、时尚配饰等。

（3）快手直播：快手直播是快手科技旗下的直播平台，主要用于短视频和直播。快手直播的受众主要是三四线城市的年轻人，商家可以通过快手直播推广土特产、生活用品等。

（4）京东直播：京东直播是京东旗下的直播平台，主要用于电商直播。京东直播支持多种直播形式，包括普通直播、明星直播、专家直播等，可以满足不同商家的需求。

（5）腾讯直播：腾讯直播是腾讯旗下的直播平台，主要用于电商直播和社交直播。腾讯直播支持多种直播形式，包括普通直播、红人直播、明星直播等，可以满足不同商家的需求。

（6）B站直播：B站直播是哔哩哔哩旗下的直播平台，主要用于二次元文化和游戏直播。B站直播的受众主要是年轻人，商家可以通过B站直播推广游戏、动漫等。

（7）小红书直播：小红书直播是小红书旗下的直播平台，主要用于美妆、时尚、家居等领域。小红书直播的受众主要是年轻女性，商家可以通过小红书直播推广美妆产品、时尚配饰等。

除了上述平台外，还有许多其他的直播营销平台可供选择，如映客直播、花椒直播等。每个平台都有其独特的特色和优势，企业可以根据自身的需求和目标受众选择合适的平台进行投放。

任务 1.2 新媒体内容创作团队的组建和职责

新媒体内容创作团队的组建非常重要，因为它是提高内容质量、提高传播效果、增强企业竞争力的决定性因素。

（1）提高内容质量：一个优秀的新媒体内容创作团队，通常包括策划、编辑、设计师等角色，他们各自具有不同的技能和特长，能够相互协作，共同完成内容的创作、编辑、设计和推广工作。通过团队的合作和努力，可以提高内容的质量，创作出更具吸引力、可读性和传播力的作品。

（2）提高传播效果：新媒体内容的传播渠道和方式多种多样，需要团队成员根据不同平台和渠道的特点，制订合适的推广方案，提高内容的曝光率和传播效果。一个配合默契、执行力强的团队，能够让创作内容在更广泛的范围内传播，吸引更多的受众关注和参与。

（3）增强企业竞争力：在新媒体时代，企业的竞争力和品牌形象在很大程度上取决于其在网络上的表现。一个优秀的新媒体内容创作团队，能够为企业打造独具特色的品牌形象，增强企业的竞争力和影响力。同时，通过与受众的互动和反馈，不断优化和改进内容质量，也能够提升企业的用户体验和口碑。

总之，新媒体内容创作团队的组建对于企业的发展和竞争力增强至关重要。通过合理的分工和协作，可以充分发挥团队成员的优势和特长，提高内容的质量和传播效果，为企业创造更多的价值和机会。

子任务 1.2.1　新媒体内容创作团队的组建

新媒体内容创作团队的组建可以根据不同的阶段和需求进行调整，其组成如图 1-9 所示。

图 1-9　新媒体内容创作团队的组成

（1）创始人或主编：负责整个内容创作的方向和战略，制订内容计划，监督内容质量，并与其他团队成员合作，以确保内容的协调一致。

（2）内容策划：负责研究目标受众，制订内容主题和计划，以及协调内容制作和发布。

（3）文案撰写人员：负责撰写和编辑文章、博客、社交媒体帖子等。他们应该具有出色的写作和编辑能力，并能够将复杂的信息转化为易于理解的文字。

（4）视觉设计师：负责创建图像、图表、视频和其他视觉内容，以支持文章和社交媒体帖子。他们应该具有专业的设计和编辑软件技能，并能够根据品牌形象和目标受众创建视觉内容。

（5）社交媒体管理员：负责管理社交媒体账户，包括发布内容、回复评论、管理社群等。他们应该具有出色的社交媒体技能和沟通能力，并能够根据目标受众制订社交媒体策略。

（6）分析师：负责分析网站和社交媒体的数据，包括流量、用户行为、转化率等，以提供对内容创作和改进的建议。他们应该具有专业的数据分析技能，并能够使用数据分析工具进行分析。

在团队组建过程中，还需要考虑团队成员之间的协作和沟通方式。可以使用项目管理工具、协作平台或定期会议等方式来确保团队成员之间的顺畅沟通和协作。同时，还需要为团队成员提供培训和支持，以帮助他们不断提高自己的技能和知识。

子任务 1.2.2　新媒体内容创作团队的职责

随着新媒体的迅猛发展，其得到越来越多广告商的认可，创作文案决定着新媒体的发展和机遇，因此，新媒体写作这一职业也越来越被想开展新媒体业务的企业所重视。新媒体内容创作是一个需要不断创新和适应变化的领域，创作者需要具备全面的技能和知识，以应对市场的需求和挑战。

新媒体创作者只有具备相关的知识储备和能力，才能创作出好的新媒体文案。新媒体创作者通常应具备4种基本能力：文案能力、创意能力、审美能力和学习能力，如图1-10所示。

图 1-10　新媒体内容创作的职业要求

1. 文案能力

新媒体创作人员的文案能力主要体现在文案的创作上，如文案语言风格的把控、写作技巧的运用，以及文案的语法、逻辑的掌握等。

在进行新媒体文案创作时，应注意规避语病、错别字等问题，以正确的语法进行写作；文案的表达要有逻辑、有条理，这样目标受众才能更好地理解文案所要表达的意思。新媒体创作人员要能驾驭各种风格的文字，可以是阳春白雪、如诗如画的语言风格，也可以是下里巴人、通俗易懂的语言风格。

新媒体创作人员的文案能力还体现在以下几方面。

（1）文案的标题、海报等内容能够快速吸引目标受众的注意。

（2）软文、具有情感的品牌介绍内容能够使目标受众产生代入感。

（3）商品介绍等销售文案能够使目标受众产生信任感，并且可以促使他们快速做出购买决策及反馈。

（4）品牌传播文案的信息力求简单，有利于口头传播。

2. 创意能力

创意能够让广告深入人心并引起人们的注意及共鸣。在网络上搜索"创意广告"能够看到很多有创意的广告。

新媒体文案创作人员作为广告创作的源头,必须要具备一定的创意能力。创意能力虽然与天赋有一定的关系,但同样可以通过后天练习来提升自己的创意能力。要想提升创意能力,新媒体文案创作人员就需要用新奇的方式思考和观察世界,保持对事物的敏感,多问"为什么",通过自己的努力找到答案。

3. 审美能力

审美能力又被称为艺术鉴赏力,即能感悟欣赏事物的美感,并且知道"美"的定义是什么。例如,简单的文字排版,有审美能力的人能够做到整洁、风格统一,字体、字间距、行间距协调一致。

新媒体文案创作人员的审美在一定程度上决定了文案内容整体效果的好坏。训练审美能力主要有两个方法:一是建立对"美"的基本认识,"美"并没有标准,但总能找到其共通性;二是大量观摩优秀作品、总结美感规律并加以运用。

4. 学习能力

学习能力是指短时间内对事物从陌生到了解,最后还能融会贯通的过程。一般学习能力强的人具备主动学习,寻找到相应资料进行消化吸收,并能转化为自己所需,然后推陈出新的能力。

学习新媒体文案创作主要有阅读、请教、实践3个途径。通过对专业书籍、网络相关资料、相关案例等进行研读,能够使新媒体文案创作人员系统地掌握相关文案的创作知识;通过向该领域内的专业人士请教,可以快速、高效地掌握文案创作的一些有用经验;最后将学习到的这些文案创作知识运用于实践,并根据其效果进行分析、总结。

任务 1.3 新媒体内容创作的思维方式

新媒体的主要特征体现在"快速""分散""碎片化""跨界""内容丰富"等关键词上。透过这些关键词,不难看出新媒体行业的竞争十分激烈,新媒体创作人员要想使自己的文章从海量信息中脱颖而出,就要打开认知的窗口,从改变思维方式开始,根据新媒体的特征,培养自己的新媒体创作思维。新媒体内容创作应具备5种基本的思维方式,如图1-11所示。

图1-11 新媒体内容创作的思维方式

子任务 1.3.1 产品思维

新媒体创作中的产品思维主要有 3 方面的含义：一是把文字当成产品；二是提升系列文章的专业度；三是独家视角形成个人品牌，如图 1-12 所示。

图 1-12 产品思维的 3 个含义

1. 把文字当成产品

产品思维首先需要把文字当成产品，在新媒体文章中应将产品的受众人群以及他们的需求统统通过文字表达出来。企业销售的产品针对的是什么样的人群，创作出来的新媒体文章就应针对什么样的人群；产品用户的需求是什么，文章中就应该去满足用户的这些需求。

新媒体创作也属于公共写作的范畴，因此，在进行新媒体创作时，创作人员需要了解马斯洛需求理论，深入分析文章的受众群体，以及这些人的需求。不同的文章要满足不同人群的需求。比如，理财类微信公众号输出的是理财方面的专业知识，满足的就是理财人群的需求，如图 1-13 所示。

图 1-13 某理财类微信公众号

2. 提升系列文章的专业度

运用产品思维进行新媒体创作，除了把文字当成产品，还需要提升系列文章的专业度。新媒体创作只要能够坚持在垂直领域输出专业知识，并不断提升文章的专业度和价值，就能积累下良好的口碑。要想提升系列文章的专业度，新媒体创作人员就必须要具备大量的知识储备和文字输出的能力。

3. 独家视角形成个人品牌

创作不能人云亦云，要形成自己的观点。因此，新媒体创作人员在进行创作时，要多倾听不同的声音，多角度思考问题，关注热点新闻和话题并参与评论，从不同角度去探讨和解读新媒体文章。

子任务 1.3.2　用户思维

无论哪种类型的创作，要想成功地影响读者和用户，就必须要先理解读者和用户，这就是用户思维。那么新媒体创作人员应该如何建立用户思维呢？

1. 满足读者阅读动机

通常来说，读者的阅读动机有两个，一是满足好奇心，二是满足自我表达。因此，在创作新媒体文案时，创作人员要学会揣摩读者感兴趣的话题，把读者想要表达却无从表达的情感和思想表达出来。很多阅读量"10万+"的文章，之所以能成为爆款，关键在于这些文章的选题能引发很多群体的共鸣，比如爱国情怀、思念之情、拼搏奋斗等都是能引起人们持久讨论且热度不减的话题。

2. 建立适应读者的阅读场

在移动互联时代下，人们的阅读习惯呈现出速度快、频次高、碎片化等特点，正因如此，读者的注意力也就更容易被分散，他们的阅读耐心也变得更有限。

要建立适应读者的阅读场景，新媒体创作者在创作时就需要注意以下3点。

（1）文章在表达上要克制，内容切忌冗长。在创作新媒体文章时要注意措辞精练、用词精辟、贴切；尽量多用动词和名词，少用形容词；内容结构要紧凑，以保证文章的"短、平、快"特点。新媒体文章字数最好控制在1800～2500字，字数太少可能会造成表达不清楚，字数太多又会显得啰唆。

（2）内容要能刺激读者痛点。新媒体文章的内容最好能刺激到读者的痛点，从而激发他们的阅读兴趣。比如，通过设置悬念等方式，引起读者的阅读兴趣和好奇心。

（3）使用金句加深读者记忆。那些简短有力、深入人心的句子，往往能给人带来强烈的冲击感，令人印象深刻。读者读完一篇文章后，很多细节可能已经忘记，但对于那些醍醐灌顶的金句还是会记忆犹新。因此，在新媒体文章中，加入金句以加深读者对文章的记忆是必不可少的。

子任务 1.3.3 流量思维

在互联网行业中,"流量"一词出现的频率非常高,无论是谈商机,还是聊合作,都不可避免地会提到"流量"。流量是新媒体运营的根基,是支持后续内容输出的要素,没有流量,一切的努力都是徒劳的。运用流量思维进行新媒体创作时,首先需要了解新媒体流量的本质。新媒体流量的本质主要体现在两个方面:一个是用户的时间;另一个是用户的注意力。

1. 用户的时间

无论是传统行业还是互联网行业,流量都可以理解为用户访问量。有了流量,就可以通过转化达到盈利的目的。在传统商业模式下,人流量大的地方(如商场门店),客流量也会较大,其房租等固定成本也会相应增加。同样的思维逻辑也适用于新媒体行业,有所不同的是,新媒体行业流量的本质是用户时间。所以,流量其实就等于用户数与用户使用时间的乘积。从理论上来说,只要新媒体用户数量在不断增长,或者用户单日使用新媒体的时间持续增加,总流量就会持续增长。

新媒体的出现虽然打破了空间的界限,使千万用户能够轻松地获取到海量资讯;但用户的时间却是有边界的,每一个用户每天能够花费在新媒体上的时间是有限的。因此,新媒体流量的获取关键在于能够抢占用户的时间。新媒体企业之间的竞争就是一场争抢用户时间的战争,在这场争抢用户时间的战争中有两大阵营,如图 1-14 所示。

图 1-14　争抢用户时间的两大阵营

第一大阵营以消耗用户时间为主,用户使用这类新媒体产品就是为了消磨时间及休闲娱乐,如直播、短视频、游戏、音乐、网络文学,以及新媒体平台上发布的各类段子、奇闻逸事等均属于该阵营。

第二大阵营以节省用户时间为主,用户使用这类新媒体产品可以节省自己的时间,如网络购物、外卖、网上订票、工作协同、在线课程、各种精选资讯等相关工具和服务。这类新媒体产品的初衷都是为了节省用户时间,例如,通过外卖平台点餐,即可节省用户外出吃饭的在途时间。

2. 用户的注意力

在目前的互联网商业模式下,存在两个明显的问题:"信息过剩"和"注意力稀缺"。

但这两个问题是对立存在的，因此如何在无限的信息中获取有限的注意力，就成了互联网商业运营的核心命题。注意力稀缺导致众多新媒体写作人员想尽办法去争夺用户的注意力资源，而流量的多少恰恰最能体现争夺的结果。有了流量，新媒体运营者才能够以此为基础构建自己的商业模式。因此，新媒体创作就是要以吸引大众注意力为基础创造价值、转化盈利。

子任务 1.3.4　营销思维

新媒体营销是指利用新媒体手段来销售产品，如果新媒体营销做得好，不仅能够将产品成功销售出去，还能形成口碑传播、裂变传播，为企业带来更多的用户。参与设计营销规划也是新媒体从业人员必须具备的一项基本技能。通过新媒体 5W/H 营销框架的搭建，可以帮助新媒体创作人员建立新媒体营销思维，如图 1-15 所示。

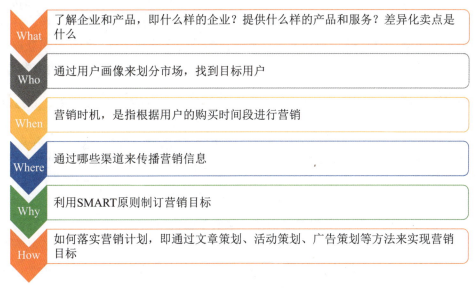

图 1-15　新媒体 5W/H 营销框架

SMART 原则是一种目标管理模型，或者说是一种效率管理模型，由以下 5 个维度组成。

（1）S 即 Special：表示具体的目标制订或者绩效考核标准。

（2）M 即 Measurable：表示通过数据能够明确判断目标或指标。

（3）A 即 Attainable：表示在制订目标的时候，目标不能定太高，也不能太低，最好是努力一下就能够达到的目标。

（4）R 即 Relevant：表示目标与目标之间要有一定的关联性，整体都是为大目标或者大方向服务的。

（5）T 即 Time Bound：表示截止日期的意思，对于一个目标而言，如果没有截止期限，那么就基本等同于无效。

在企业管理中，经常会使用 SMART 原则，来衡量企业所制订的目标或者确定的考核标准的有效性及可实行性。

子任务 1.3.5　竞争思维

新媒体时代，也是注意力变现的时代，一切能够吸引眼球的事物都会带来效益。新媒体文案是吸引新媒体用户注意力最为关键的因素之一，因此，新媒体文案之间的竞争非常激烈。作为新媒体创作人员要做好两件事：一是吸引用户的注意力，二是让用户的注意力保持更长时间。要做到这两点，新媒体创作人员在进行创作时就需要注意以下几点。

1. 坚持内容原创

新媒体创作人员如何才能坚持原创，快速打造优质的原创内容呢？

首先，在创作之前要先找到优质的内容参考。那么，什么样的内容称得上优质呢？这里有一个评判标准，大家可以通过"热度"来寻找优质内容参考。例如，"即时热榜"就是一个很好的热点、热榜平台，该平台上聚合了科技、娱乐、社区、购物、财经、开发、校务、专栏、报刊等领域的热点资讯和热门榜单，各类网络爆款文章都能在这里获取到，如图 1-16 所示。新媒体创作人员就可以利用这类热点、热榜平台来收集优质的内容参考信息。

图 1-16　"即时热榜"平台

其次，要想保证新媒体文章的原创性，就要学会提炼观点、博采众长。找到优质的热点文章之后，新媒体创作人员可以把里面的观点提炼出来，再结合自己的看法，形成一个新的框架，最后往里面填充内容即可。这样做的好处就是既可以博采众家所长，又可以快速创作出一篇原创文章。这种办法特别适合那些知识储备能力不是很强的新媒体创作人员，但要想创作出更多优质的原创文章，还是需要新媒体创作人员不断地去学习和积累，提高自己的知识储备。

2. 个人 IP 的打造

在新媒体时代，要想拥有自己的粉丝阵营，就必须要打造个人 IP。个人 IP 主要由广告标语、领域和内容 3 部分组成，如图 1-17 所示。

广告标语的重要性体现在它能使大众仅仅通过一句简短的广告语就认识一个品牌；通过一句口头禅就认识一个人。例如，2012 年微信刚推出公众平台时，将"再小的个体也有自己的品牌"作为广告语，如今这句广告语已经成为了新媒体时代的宣言。领域和内容也很好理解，打造个人 IP 要有明确的领域，如美食、旅游、美妆、搞笑、健身或者某个个人形象；要想持续

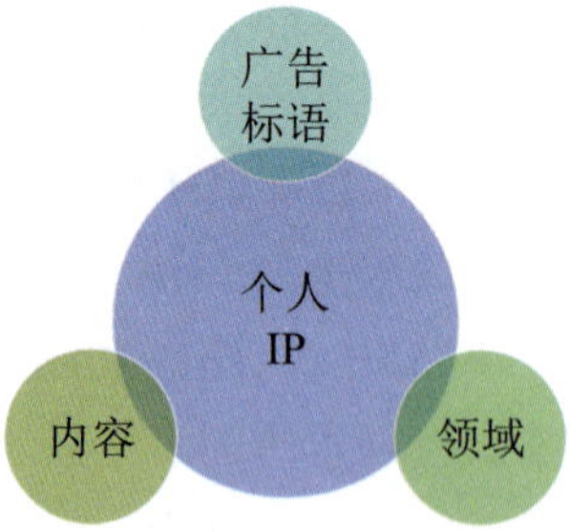

图 1-17　个人 IP 的组成

地出现在大众视野当中，除了要有广告标语和明确的领域以外，还要做好核心内容的输出。

想要成功打造个人 IP 需要明确的核心定位、优质的垂直内容、有效的运营策略及积极的粉丝互动，最终才能完成商业转化。

1）明确的核心定位

打造个人 IP 时，首先需要进行定位，新媒体创作人员可以从目标群体、自身情况、外部环境 3 个方面入手，明确个人 IP 的核心定位。

（1）从目标群体入手，分析用户基本特征和喜好，只有掌握了用户的心理特征才能抓住他们的消费动向。

（2）从自身情况入手，分析自己的优势和劣势，适合做哪方面的内容？不适合做什么内容？

（3）从外部环境入手，分析整个市场的竞争情况，找准可对标的竞争对手。

2）优质的垂直内容

在"短、平、快"的新媒体时代下，具有垂直深度的内容不仅能得到粉丝的密切关注，同时这些专业度高的内容也更能得到广告主的青睐。做垂直内容的关键在于"专业＋创新＋持续"。打造个人 IP 内容很关键，只有专业的内容才能获得更多的关注，而那些有创新性的内容将会赋予个人 IP 强大的生命力。当然要想成功塑造一个个人 IP，除了专业和创新内容以外，还要保证内容的持续输出。

3）有效的运营策略

打造个人 IP 的目的在于能被大众所熟知，从而创造更大的经济效益。要想让自己的个人 IP 被大众所熟知，就需要进行运营宣传。在执行运营策略时，主平台持续发力、有选择的广告投入、平台资源整合、借势宣传和强强联合互动等都是非常关键的运营策略点，能有效帮助新媒体创作人员打造个人 IP。

4）积极的粉丝互动

在积累了一定的粉丝之后，运营者与粉丝之间的互动就显得尤为重要了。积极地与粉丝进行互动，可以增加粉丝的活跃度和黏性，甚至能形成"病毒式"的传播。常见的粉丝互动方式有抽奖、话题互动、直播互动、评论区及时回复、粉丝意见的展现等。例如，某知识分享类 KOL（关键意见领袖），为强化其个人 IP，在其微信公众号上发布内容与粉丝进行互动，如图 1-18 所示。

【提示】在与粉丝进行互动时，运营者要积极热情、认真为自己的行为负责、展现出为粉丝着想的态度。

5）商业转化

实现商业转化，即 IP 变现，是许多人打造个人 IP 的初衷。如何让自己打造出来的个人 IP 实现价值最大化，也是运营者在打造个人 IP 之初就需要认真思考的问题。目前，个人 IP 的商业转化方式有选品推荐、植入广告、联名合作、直播带货等。例如，抖音平台上某知名美食类播主正在进行的直播带货，如图 1-19 所示。

图 1-18　微信公众号上发布的互动内容　　图 1-19　抖音直播带货

3. 线上和线下相结合

在竞争激烈的新媒体行业中，如果只布局线上运营是远远不够的，只有线上和线下结合才能进一步完善新媒体运营的核心竞争力。当企业的线上新媒体运营获得众多粉丝认可，初见成效之后，运营者就需要结合线下实体商业赋能。

结合线下实体商业赋能，可以选择自主实体项目；也可以选择与社群进行资源合作；还可以选择与一些大品牌进行合作，做联合推广。例如，某团购平台通过其企业微信群销售线下酒店团购套餐，如图 1-20 所示。

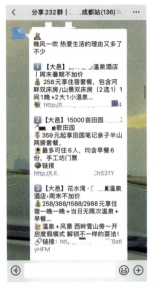

图 1-20　某企业微信群中销售的线下餐饮团购套餐

课堂实训 1　阐述常见新媒体平台的用户特征、优缺点及选择建议

新媒体内容平台多不胜数，那作为创作者应该如何选择适合自己的平台呢？这里列举一些当下较为热门的新媒体平台及各个平台的用户特征、优缺点、建议等，如表 1-1 所示。

表 1-1　热门的新媒体平台的特点

平台名称	用户特征	优点	缺点	建议
微信	用户多、日常活跃性高、黏性大	社交应用排行靠前，特别是微信、QQ覆盖面广。适合多个行业投放活动	平台多、人群广、精准难	确认自己产品的用户群，明确产品调性，定向投放到目标人群
微博	群体活跃、偏年轻化	可以指定用户群体投放，且投放形式包括图文、视频等多种形式	成本偏高，流量不可控	计算成本，考虑投放粉丝通广告还是找微博达人合作
今日头条	群体广泛，主要集中在二、三线城市	可关键词定向，快速锁定目标用户，实现对"对的人投放对的广告"	广告类型多，不好选择	根据产品属性调研目标人群喜欢的广告方式
抖音	以一、二线城市的95后、00后为主	用户数量庞大，活动广告的曝光量也大，容易打造热门产品	投放成本偏高、对素材要求高，对行业要求限制也较高	抖音的娱乐定位，建议投放游戏、App、电商等泛流量产品
快手	以三、四线城市的12~35岁人群为主	流量大，几乎覆盖了三、四线流量红利区域	广告审核较严格	建议餐饮、App、零售、电商等产品销售
知乎	以年轻化、高收入、高学历的群体为主	流量质量高，购买能力高	用户较为理性，对广告素材要求较高	建议房产家居、游戏、金融、教育培训、电商、网络服务、旅游等产品推广

创作者在熟悉各个平台特点后，再结合产品特征选择平台。

课堂实训 2　旅游类新媒体内容创作者的职责

旅游类新媒体内容创作者的职责主要包括以下几方面。

（1）撰写和编辑与旅游目的地相关的内容，如微博文章、新闻稿和社交媒体帖子。这需要创作者具备良好的写作技巧和语言表达能力，能够吸引读者的注意力并传达旅游目的地的特点和魅力。

（2）搜集和整理旅游行业或社交平台的热门新闻信息，及时发布相关新闻稿或分享传播。这需要创作者具备敏锐的新闻敏感性和快速响应能力，能够及时发现和捕捉行业内的重要信息和趋势。

（3）撰写与发布旅游类目的新媒体平台的推广文案，内容涉及旅游产品推广软文、旅游活动专题、广告文案等。这需要创作者具备一定的市场营销知识和经验，能够根据不同平台和受众的需求进行内容创作和推广。

（4）独立编写新媒体平台的各类历史、文化、人物、景点、景观等介绍、宣传或旅游策划文案。这需要创作者具备丰富的历史和文化知识，能够深入了解和挖掘旅游目的地的内涵和价值，为受众提供更具吸引力和深度的内容。

（5）协助项目经理编辑短视频拍摄或直播录制脚本的创意提议。这需要创作者具备一定的影视制作和网络直播知识，能够根据不同平台和受众的需求进行脚本创意和编辑。

例如，Boss直聘网站上的某旅游业新媒体编辑的岗位职责如图1-21所示，主要负责抖音、小红书、快手、微博、微信视频号等平台的内容编辑与制作。

图1-21　某旅游业新媒体编辑的岗位职责

总体来说，旅游类新媒体内容创作者需要具备广泛的知识和技能，能够独立完成各类旅游相关内容的撰写、编辑和推广工作，同时也需要与其他部门合作，收集信息和故事，以便创作更具吸引力的内容。

课后作业

1. 列举三个热门新媒体内容创作平台。
2. 阐述新媒体内容工作的主要职责。
3. 举例说明什么是产品思维。

项目 2 新媒体文案创作

学习目标

- 掌握新媒体文案创作的基本要求。
- 掌握新媒体文案的产品分析、市场分析及内容策划要点。
- 掌握新媒体文案标题写作技巧。
- 掌握新媒体文案正文写作技巧。
- 掌握新媒体图文编辑排版技巧。

新媒体文案在新媒体时代具有重要意义,可以提高信息传递效率、增强用户体验、提升品牌形象、适应不同平台的需求以及降低阅读门槛。因此,企业和个人都应该注重新媒体图文的创作和设计,提供有价值、有吸引力的内容,以满足用户的需求和期望。本项目从新媒体文案创作的基本要求出发,介绍了新媒体文案的策划要点、标题写作技巧、正文写作技巧以及图文编辑,旨在帮助大家快速掌握新媒体文案创作技能。

任务 2.1　新媒体文案创作的基本要求

新媒体的兴起给传统媒体带来了巨大的冲击，也为信息内容的传播提供了更为广阔的平台。在新媒体环境下，传统媒体的创作方式已经不能适应这些新文化形态的发展了。阅读习惯的碎片化和书写方式的多元化，让新媒体创作有了更大的发展空间，如何进行个性化、优质化的语言表达，成为众多新媒体创作人员最为关注的问题。

从本质上来说，新媒体创作是传统媒体创作的延续和升级，但在许多方面，新媒体创作与传统媒体创作又存在着一定的差异。新媒体创作的基本要求可以归纳为以下 3 点。

1. 准确规范的信息

与传统媒体创作相比，新媒体创作的内容所面向的用户范围更加广泛，创作的门槛也比较低，但还是应注意信息内容的准确规范。在进行新媒体创作时，首先，需要注意避免出现病句或者语义不清的词语；其次，创作出的新媒体文章要尽可能贴近生活和用户的心理，让用户能够产生共鸣，同时还要让用户在阅读的时候没有距离感。要想创作出一篇语言准确规范、内容通俗易懂的新媒体文章，新媒体创作人员就必须要具备扎实的基本功，有良好的驾驭文字的能力。

2. 精准的内容定位

要想写出一篇优秀的新媒体文章，不但要有好的构思，还要找准文章的中心思想，让文章内容围绕中心思想来进行输出。创作文章之前，新媒体创作人员可以使用思维导图对文章的写作思路进行梳理，找到文章内容塑造的方向。在文章完成后，还要对文章进行检查，删除与文章主题无关的语句，避免引起歧义。

3. 生动形象的表现

现代社会生活节奏越来越快，人们工作、生活的空间场景不断变化，因此产生了很多碎片化的时间，而新媒体创作正好迎合了人们碎片化的阅读习惯。因此，新媒体文稿要讲究精练短小、生动形象，内容丰富且有价值，以便于人们阅读，从而实现信息的快速传播，让用户产生共鸣。

任务 2.2　新媒体文案的策划要点

在着手创作新媒体文案前，需要完成一些分析工作，从而有针对性地完成内容策划。例如，先对产品进行分析，提取产品的卖点；再对市场进行分析，根据用户的喜好去创作关键内容。

子任务 2.2.1 产品分析，提取卖点

分析产品是指对产品基本信息的了解与熟悉程度，作为新媒体文案创作者，一定要在熟悉产品的基础上开展文案创作，这样才能符合产品的特点，并展示出与众不同的卖点，进而吸引需求与之匹配的用户。以下是一些提取新媒体文案产品卖点的思路。

（1）确定目标受众：在提取新媒体文案产品的卖点时，需要明确目标受众，以便更好地了解他们的需求和兴趣。

（2）分析产品的特点和功能：在提取卖点之前，需要对产品进行详细的分析，了解其特点和功能，包括产品的设计、性能、可靠性、耐用性、安全性等方面。

（3）挖掘产品的独特之处：在分析产品的特点和功能时，需要挖掘产品的独特之处，比如其在外观、性能、使用体验等方面的优势。

（4）找准产品的定位：在提取卖点时，需要将产品定位为满足目标受众的某种需求或解决某种问题，以便更好地吸引目标受众的关注。

（5）用数据和案例来支持：在提取卖点时，可以使用数据和案例来支持自己的观点，这可以使卖点更加可信和有说服力。

（6）创作有吸引力的标题和文案：提取卖点之后，需要创作出有吸引力的标题和文案，以吸引目标受众的注意力并提高产品的点击率和转发率。

例如，在撰写一条关于某美妆产品的文案前，只有在熟悉该产品的成分、功效等内容后，才能写出具有产品卖点的文案。总之，提取新媒体文案产品的卖点需要结合目标受众的需求和产品的特点与功能，从独特的角度出发，以突出其优势和价值。

子任务 2.2.2 市场分析，用户画像

市场调研分析，指使用科学的方法，有目的地、系统地搜集、记录、整理和分析产品市场情况，了解该类型产品的现状及其发展趋势，为制订文案宣传方案，进行市场预测，创作出有针对性的文案，提供客观、正确的依据。

例如，在撰写一条关于减肥产品的文案前，对该产品的市场现状进行调研和分析，能够帮助判断一个产品适不适合做研发及推广。在对产品的市场现状不了解的前提下，就没有研发该产品的目的。

分析用户画像，指对产品的消费用户进行分析，这样能更好地发现市场机会，有效地制订营销计划。新媒体文案创作者要以产品受众为基础，分析产品的消费对象的社会角色、地位和阶层，以及用户对于产品的具体需求，从而创作出能够真正打动用户，唤起用户内心的各种情绪的产品，使用户最终产生购买行为。

例如，很多新媒体文案都会在分析受众群体后写出直击用户痛点的文案。如汽车用品的痛点就是安全、天然和环保等；女性内衣的痛点则是身材走形和健康问题；护肤产品的痛点则是修复、美白和滋润等。

子任务 2.2.3　内容策划，创意亮点

新媒体文案的内容是决定阅读量的关键因素，在撰写文案时，应提前做内容策划。好的内容，更能吸引观众的关注和兴趣。在进行新媒体文案内容策划时，应重点注意如图 2-1 所示的要点。

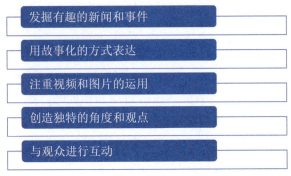

图 2-1　新媒体文案内容策划要点

（1）发掘有趣的新闻和事件：新媒体时代，人们对于有趣的新闻和事件的需求越来越高，因而可以通过搜索、挖掘和整理，将这些有趣的新闻和事件呈现给观众。

（2）用故事化的方式表达：将信息和观点用故事化的方式表达，可以让观众更容易理解和记住。同时，加入一些幽默、趣味、情感等元素，可以让观众更容易产生共鸣。

（3）注重视频和图片的运用：视频和图片可以更好地吸引观众的注意力。可以用一些视频素材、动图、表情包等来丰富内容，这些也可以让观众更好地理解内容。

（4）创造独特的角度和观点：在创作内容时，可以从不同的角度和观点出发，用新的思路和方法来呈现主题，满足观众的好奇心。

（5）与观众进行互动：在创作内容时，可以考虑到与观众的互动，比如评论、点赞、转发等。通过与观众的互动，可以更好地了解观众的需求和反馈，提高内容的针对性和质量。

总之，新媒体内容创意需要结合新媒体平台的特性和目标受众的需求，从多个角度和思路出发，以创造独特、有趣、有价值的内容。

任务 2.3　新媒体文案标题写作

新媒体文案标题对于文案的效果和传播具有极其重要的作用，一个好的标题能够提高文章的质量和效果，吸引更多的读者，从而增加文章的阅读量和转发率。因此，在进行新媒体文案创作时，要特别注重对标题的锤炼和优化，力求让标题既简洁明了又具有吸引力和说服力。

子任务 2.3.1　新媒体文案标题的作用

新媒体文案的标题是吸引用户关注内容的主要因素，标题的好坏也将决定用户是否会进一步阅读正文内容。那么，新媒体文案的标题到底有哪些作用呢？

1. 吸引用户注意力

文案标题是传达信息，吸引用户注意力的重要手段和工具。大多数读者在阅读过标题后，便会根据对其感兴趣或不感兴趣来决定是否继续阅读正文内容。甚至有的读者只浏览文案标题，不看正文内容。用户是否阅读文案，往往取决于标题是否能够唤起用户的注意力与兴趣，因此，标题的好坏直接关系到文案的成败。

2. 筛选用户

文案标题通常能够言简意赅地表达文案的核心内容，用户在接触标题的一瞬间就可以分辨文案内容是否与自己相关，从而决定是否继续阅读后面的内容，这个过程就是筛选用户的过程。

每一篇文案都有相应的目标群体，文案的标题要能够引起目标群体的阅读欲望，迅速唤起他们的共鸣，取得观点、态度上的认可。筛选用户最简单的方法就是当标题写好以后，作者站在读者的角度上去思考，如果自己看到这个标题会不会有点击阅读的欲望。作者也可以将文案标题发给身边的朋友，看看他们在看到这个标题后有没有点击阅读的欲望。

另外，文案标题除了筛选出合适的读者以外，还可以剔除那些不适合该文案的目标用户群体。例如，某新媒体文案的目标用户群体为节俭型用户，那么该文案在标题设计上也要贴合该类用户的特征，如图2-2所示。这样一来，节俭型用户看到标题后会有点击阅读的欲望，而其他用户群体则不会去点击该文案。

图 2-2　某符合节俭特征的新媒体文案标题

3. 驱使行动

大多数营销文案的标题都为号召式标题，具有较强的感召力，能够驱使用户快速做出决定。用户能够从号召式标题感受到文字所散发出的强大号召力，促使他们做出相应的行动。例如，小红书平台某条种草文案的标题"高效种草～宝宝出行好物！不踩雷闭眼入！"，具有很强的感召力，当用户看到这个标题时，就会产生一种想要购买商品的冲动，如图 2-3 所示。

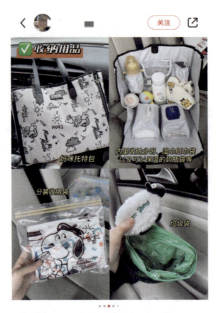

图 2-3　具有很强感召力的商品营销文案

子任务 2.3.2　新媒体文案标题的特征

新媒体文案标题的创作是一个需要综合考虑多种因素的过程，它不仅关系到内容的传播效果，也是提升品牌形象和吸引目标受众的重要手段。新媒体文案标题具有一系列显著的特征，这些特征共同构成了吸引读者点击和阅读的关键要素。以下是新媒体文案标题的主要特征。

1. 吸引力强

标题是吸引受众注意力的第一要素。一个好的新媒体文案标题应具有强烈的吸引力，能够在短时间内激起受众的好奇心和兴趣，促使他们点击阅读。例如标题《惊呆了！这样的秘密你绝对不知道！》通过夸张的语气和引人入胜的内容预告，成功吸引了读者的注意力，引发了他们想要一探究竟的冲动。

2. 简洁明了

新媒体环境下，用户的信息处理速度很快，因此标题应简洁明了，一眼就能让读者抓住核心信息，避免冗长和复杂的表达。例如标题《5分钟学会××技巧》直接明了地传达了内容的核心，即读者可以在短时间内学会某项技巧，满足了人们追求高效学习的需求。

3. 关键词突出

为了提高搜索引擎的优化（SEO）效果，标题中应包含关键词，这有助于提高内容在搜索结果中的排名，增加可见度。例如标题《2023年最新××趋势分析》中突出了关键词"2023年"和"××趋势"，使得搜索引擎能够更容易地找到并推荐这篇文章，提高了内容的曝光率。

4. 与内容相关

标题应准确反映文章或内容的主旨，避免误导读者。相关性强的标题能够建立受众的信任感，并提高阅读满意度。例如标题《揭秘××行业的成功秘诀》准确地反映了文章将探讨××行业的成功经验，读者可以根据标题判断内容是否符合自己的兴趣。

5. 易于分享

新媒体内容的传播很大程度上依赖于社交分享，因此标题应易于传播，具有让人想要分享的特质，如幽默感、启发性或时效性。例如标题《笑出腹肌！这些梗你一定得知道》具有幽默感和时效性，容易引起读者的共鸣和分享欲望，有助于内容在社交媒体上的广泛传播。

6. 引发情感共鸣

优秀的标题能够触动读者的情感，无论是激发兴奋、好奇、惊讶还是其他情绪，都能够增加内容的吸引力。例如标题《那些年我们一起追过的××》通过怀旧的情感元素，唤起了读者对过去的回忆和情感共鸣，使他们更有可能点击阅读。

7. 创新独特

在信息爆炸的新媒体环境中，创新独特的标题更容易脱颖而出。尝试使用新颖的角度、独特的表述或创造性的语言，可以使标题更具吸引力。例如：标题《从××角度看世界，你会发现不一样的美》采用了新颖的视角和独特的表述方式，使得标题在众多内容中脱颖而出，引起了读者的好奇心。

8. 适应平台特性

不同的新媒体平台可能有不同的内容偏好和受众特点，因此标题的创作还需要考虑平台特性，进行适当的调整和优化。例如在短视频平台上，标题《××挑战，你敢来试试吗？》通过强调挑战性和互动性，适应了短视频平台用户喜欢参与和挑战的特点，提高了内容的点击率和参与度。

这些特征共同作用，使得新媒体文案标题能够在众多信息中脱颖而出，吸引读者的关注和点击。

子任务 2.3.3　新媒体文案标题创作的常用技巧

一个优质的新媒体文案标题要符合两个标准：一是能够激发用户的情绪；二是有概括正文内容的关键词或核心要素。下面将为大家介绍一些常用的新媒体文案标题创作技巧，以帮助新媒体创作人员快速创作出吸引力强、受人欢迎的文案标题。

1. 借助热点，快速获得曝光量

在新媒体文案标题中加入热点元素，借助热门事件来为文案造势，可以有效吸引用户的关注，从而增加文案的点击量和阅读量。例如，在2023年国庆节来临之际，很多用户都有旅行需求。某新媒体账号抓住这一热点，发布了一篇标题为"推荐9个我认为冷门又治愈国庆旅行地"的小红书文章，该文章获得2 000多个点赞及2 000多次收藏，如图2-4所示。

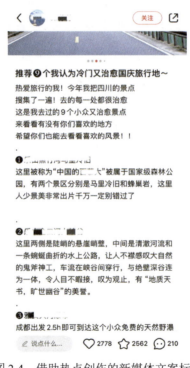

图 2-4　借助热点创作的新媒体文案标题

2. 引起共鸣，用感受触动情绪

如果新媒体文案的标题能够引发用户的情感共鸣，触动用户的情绪，往往能取得很好的效果。能够引发用户情感共鸣的标题，通常具有很强的代入感。例如，某新媒体文案的标题为"生活不易"，该文案标题直接提出"生活不易"这样一个观点，而文案内容就从多个方面来阐述人们生活中所遭遇的各种"不易"，并在结束语中告诉读者应该珍惜当下

所拥有的一切，从而引发读者共鸣，特别是那些身处中年的读者或有过相同经历的读者，更是深有感触，如图 2-5 所示。

生活不易

2023-06-03 06:11 ·

人在午夜时分，心里最脆弱，觉得自己特别累，可当黎明觉醒，太阳升起的那一刻又得面对现实去努力拼搏。

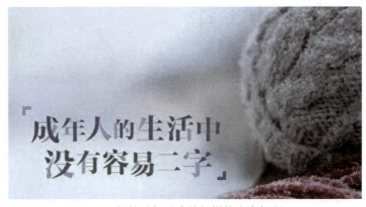

图 2-5　能够引起共鸣的新媒体文案标题

3. 制造悬念，唤起情绪

在新媒体文案标题中适当制造一些悬念，唤起用户的情绪，可以起到很好的传播效果。通常，新媒体创作人员可以采用疑问句模式的标题来制造悬念，并唤起用户的情绪，如《在上海月薪多少才买得起房？》《那些选择回到小县城的人生活怎样了？》等标题。例如，某新媒体文案的标题《直播秘籍曝光：原来直播这么赚钱的！》，该标题就是典型的疑问句模式，作者通过在标题中制造悬念的方式，激发用户的好奇心，使他们想要通过阅读正文来寻找答案，如图 2-6 所示。

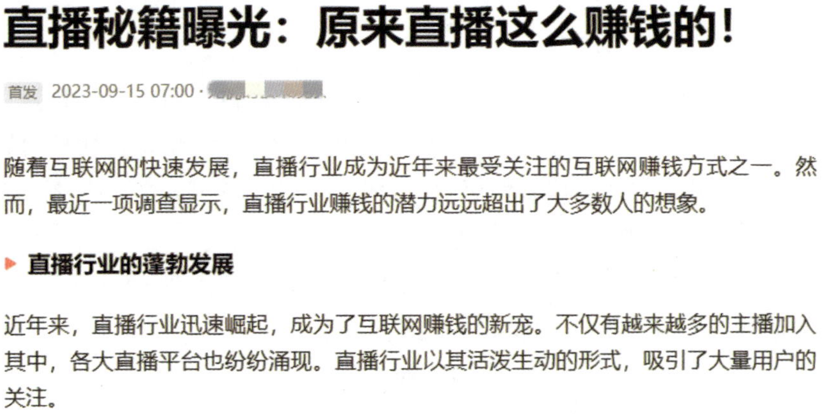

直播秘籍曝光：原来直播这么赚钱的！

首发 2023-09-15 07:00 ·

随着互联网的快速发展，直播行业成为近年来最受关注的互联网赚钱方式之一。然而，最近一项调查显示，直播行业赚钱的潜力远远超出了大多数人的想象。

▶ 直播行业的蓬勃发展

近年来，直播行业迅速崛起，成为了互联网赚钱的新宠。不仅有越来越多的主播加入其中，各大直播平台也纷纷涌现。直播行业以其活泼生动的形式，吸引了大量用户的关注。

图 2-6　制造悬念的新媒体文案标题

4. 警示告诫，唤起受众的关注

警示告诫类文案标题，属于从用户角度出发的服务类标题。例如，某新媒体文案标题为"'饭后百步走'不一定健康！这10个饭后坏习惯，你有踩坑吗？"，该标题就是在提醒用户饭后不能做的10件事，并警示用户如果做了这10件事可能会造成的不良后果，如图2-7所示。

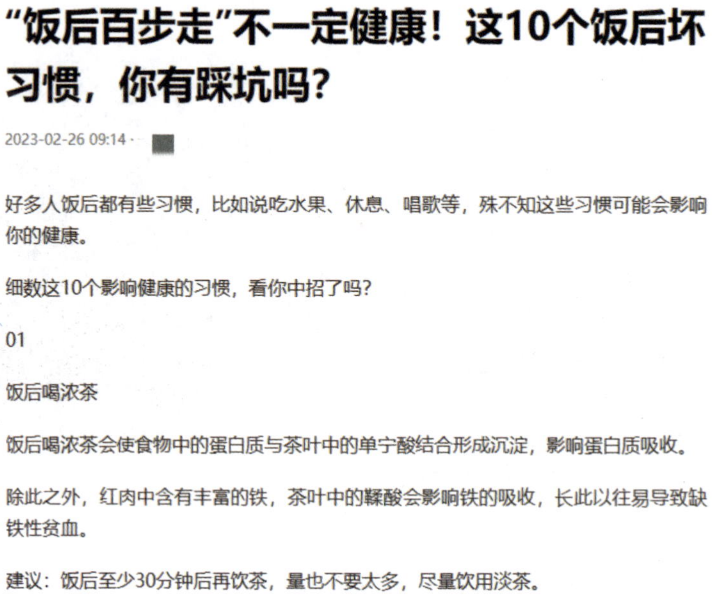

图 2-7 警示告诫类新媒体文案标题

创作警示告诫类文案标题时需要注意以下3点。

（1）在标题中直接传递警示告诫信息，将该信息或者会产生的严重后果告知用户。

（2）提供明确的要求或者建议，告诉用户应该怎样去做。

（3）警示告诫类标题使用祈使句式，表达上比陈述句的语气要重一些，提醒用户要做什么或者不要做什么。

5. 巧用数据，增强标题说服力

在标题中体现文案中的关键数据，能够引起用户的注意，帮助用户把握文章的重点，同时也能增强标题的说服力。例如，某新媒体文案标题为"3步学会预约办理2022年度个税汇算"，该标题就使用了数据来告诉用户如何预约办理个税汇算，如图2-8所示。

将数据写入文案标题中有以下3种情况。

（1）数据是文案中的要点数量，明确告知用户能得到多少收益，如"×种学习技巧"，或者暗示用户可花费最少的精力得到最大的收获，如"只需×个步骤，就能解决××问题"。

（2）数据具有一定的冲击力和感染力，能使用户产生极大的震撼，如"自然灾害中造成的巨大经济损失"××万元等。

（3）数据用绝对总数表示，能够引发用户的从众行为，如"全世界已经有××人使用××"等。

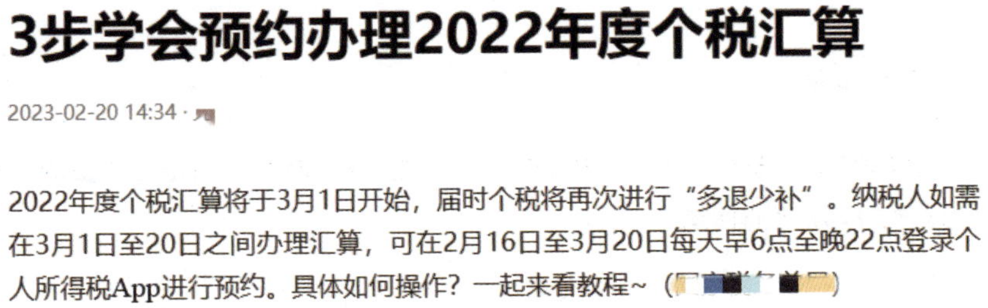

3步学会预约办理2022年度个税汇算

2023-02-20 14:34

2022年度个税汇算将于3月1日开始，届时个税将再次进行"多退少补"。纳税人如需在3月1日至20日之间办理汇算，可在2月16日至3月20日每天早6点至晚22点登录个人所得税App进行预约。具体如何操作？一起来看教程~

图 2-8　运用数据创作的新媒体文案标题

6. 善用问号，解答困惑，引起思考

不管在生活中还是工作中，人们总会遇到许多的困惑。大家都希望碰到问题的时候能迅速找到行之有效的解决办法，因此，解答困惑类的文章往往广受欢迎。这种文章可以结合特定的知识，以疑问句的形式进行标题创作，透过标题直观地告知用户文章要解决的问题，如"为什么……""如何……""……有哪些小窍门""什么是……"等形式。例如，某新媒体文案标题为"新人小白如何在头条赚到钱？"，该标题通过疑问句的形式告诉用户正文内容中将会为大家介绍如何在今日头条赚钱，如图 2-9 所示。

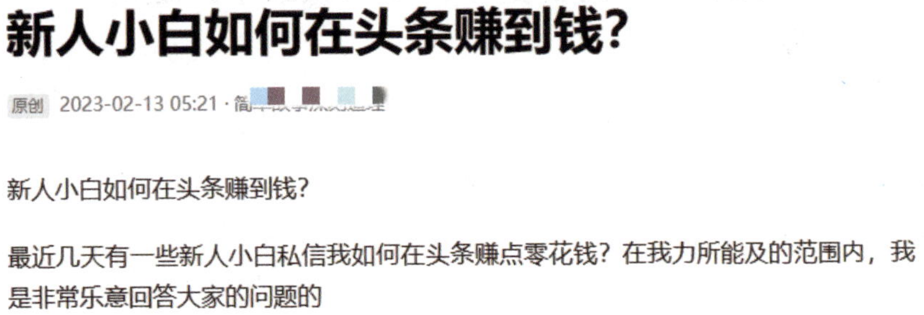

新人小白如何在头条赚到钱？

原创 2023-02-13 05:21

新人小白如何在头条赚到钱？

最近几天有一些新人小白私信我如何在头条赚点零花钱？在我力所能及的范围内，我是非常乐意回答大家的问题的

图 2-9　解答困惑的新媒体文案标题

7. 简短故事，直击主题，引人入胜

故事型文案标题就像是在讲故事一样，直击主题，引人入胜，很有吸引力。例如，某新媒体文案的标题为"10个励志名人故事"，这个标题直接说明文章讲述了10个励志故事，以吸引用户点击查看，如图 2-10 所示。

故事型文案标题主要应用于人物型文案中，每一个标题都反映的是一个人物的故事，而这个人物故事通常拥有极端艰难、戏剧化等标签。将这些标签罗列到标题中，再加入一些细节词，用户就可以通过标题快速判断出这大概是个怎样的故事，进而就会对正文中详细的故事情节产生兴趣。

> # 10个励志名人故事
>
> 发布时间：2022-12-06
>
> 10个励志名人故事
>
> 人生需要励志，阅读一些名人励志故事，可以让自己更有动力。以下是小编整理的10个励志名人故事，欢迎阅读。

图 2-10　故事型新媒体文案标题

8. 名人效应，引领时尚新潮流

在标题中加入名人效应可以增加标题的热度，引发用户的喜爱和追捧，所以也有很多新媒体创作人员借助名人效应来创作文案标题。如果选题刚好又契合某个名人的某种特质，就可以在标题中体现出来，借用名人的名字、事迹或名言创作标题。例如，在很多读者心中，知名作家村上春树是一个喜欢长跑的人，并写了一本名为《当我跑步时我谈些什么》的书，在创作与跑步话题相关的文案标题时，就可以引入村上春树那些关于"跑步"的名言，如图 2-11 所示。

> # 村上春树：跑步多年，我收获的不止是身材
>
> 2022-03-15 21:48
>
> 文/
> 来源/
>
> 提到村上春树，很多人会想起"诺贝尔陪跑者"这一标签。
>
> 虽在奖项中一直陪跑，但生活的赛道上，他一直都是自己的主角。
>
> 他在33岁那年决心开始长跑，每天10公里，每年参加一次马拉松。
>
> 这一坚持，就是30余年。

图 2-11　使用名人效应的新媒体文案标题

任务 2.4　新媒体文案正文写作

新媒体正文的重要性不言而喻，它不仅可以传递信息，还起着引导读者、建立信任、

增强互动、增加转发率等作用。

（1）传递信息：正文是新媒体文章的核心部分，它向读者传递文章的主题、观点和信息。正文通过讲述故事、列举数据、引用权威资料等方式，让读者更好地了解文章的主题和观点。

（2）引导读者：正文通过逻辑清晰、言简意赅的论述，引导读者逐步理解文章的主题和观点，激发读者的阅读兴趣，让读者产生继续阅读的欲望。

（3）建立信任：正文中的内容要符合事实和真相，具有可信度和权威性。只有这样，读者才会对文章产生信任感，才会进一步了解和关注文章所讨论的话题。

（4）增强互动：正文不仅要传递信息，还要引导读者进行思考、讨论和交流。通过设置问题、引用经典、鼓励评论等方式，激发读者的参与度和互动性。

（5）增加转发率：正文的质量直接影响到文章的转发率和传播效果。一篇好的正文能够让读者产生共鸣和认同感，从而促使读者将文章分享给其他人，进一步扩大文章的传播范围。

因此，在进行新媒体创作时，要注重正文的写作和编辑，力求让正文内容既符合事实和真相，又具有引导性和互动性，提高文章的可读性和传播效果。

子任务 2.4.1 新媒体文案正文的结构

新媒体文案的正文是整个新媒体文案中最重要的部分之一，它既是对标题的拓展，也是对文案核心内容的详细阐述。用户通过正文中的内容展示可以了解资讯的全貌、作者的观点、产品的详细信息及活动的具体情况等，从而产生相应的心理和行为反应。新媒体文案正文的结构包括开头、主体和结尾3个部分，如图2-12所示。

图 2-12 新媒体文案正文的结构

1. 开头

新媒体文案正文的开头紧接着标题，随后马上又过渡到正文的主体部分，因此，正文的开头有着承上启下的作用。正文开头必须要十分巧妙，既要吸引用户、唤起用户的兴趣，又不能过于夸张，喧宾夺主，使文案正文看上去"虎头蛇尾"。标题吸引用户进入正文后，开头要起到增加用户黏性、激发用户兴趣的作用。开头是否具有吸引力决定了用户是否会继续往下阅读。如果正文开头能充分激发用户阅读的兴趣，那么，该正文就成功了一半。

例如，一篇名为《人生下半场，请把自己调成省电模式》的新媒体文案，如图2-13所示。该文案在正文开头列举了很多人都有过的崩溃瞬间，又顺序引出了正文的主体内容：身体像一台发动机，如果永远处于耗能状态，身体"零件"就会报废。人生下半场，唯有将自己调为省电模式，才能延长身体的"续航"时间。

人生下半场，请把自己调成省电模式

原创 2023-10-03 17:40

生活中，你是否有过这些崩溃的瞬间：

明明身体很累，却还要拼命工作，还生活的债。

明明内心煎熬，却还要强装佛系，受情绪的苦。

明明圈子不同，却还要碍于情面，忍社交的倦。

明明小事一桩，却还要过度思考，增思想的忧。

殊不知，身体像一台发动机，如果永远处于耗能状态，身体零件就会报废。

人生下半场，唯有将自己调为**省电模式**，才能延长身体的续航时间。

图 2-13　某新媒体文案正文的开头

2. 主体

正文主体是新媒体文案的核心部分，包含文字、图片、视频、音频等多种内容形式。正文主体部分的信息量较大，一般包括详细的事实、充足的论据、产品的具体信息、完整的观点等内容，其主要作用是用信息支撑文案的核心内容。例如，某美食类新媒体文案在其正文主体部分为用户介绍了水煮鱼的制作步骤，通过阅读正文主体内容，用户可以很好地掌握水煮鱼的制作方法和技巧，如图 2-14 所示。

12 先把鱼肉放锅里，摆好。

13 然后过滤好的鱼汤倒进装鱼的盆子里，洒花椒，干辣椒，芹菜碎，蒜蓉，最后淋上热油，出锅。

图 2-14　某新媒体文案正文的主体内容

3. 结尾

新媒体文案正文的结尾部分，一般是对全文的概括，如观点的总结、对事物的评价等。如果是营销文案，在正文结尾处通常还会出现广告信息、行动号召、建议等内容，如给出商品的折扣信息、提供赠品、鼓励用户购买、将用户转化为消费者等。常见的营销文案结尾句型，如"限时折扣……""前 50 名购买者享半价优惠……"等，新媒体创作人员通过这种营销句式牢牢抓住用户的心理，从而实现其商业目的。例如，某新媒体营销文案推出了一个免费领粽子的活动，作者在正文结尾部分通过"数量有限，领完为止"提示用户积极参与活动，如图 2-15 所示。

图 2-15　某新媒体营销文案正文的结尾部分

子任务 2.4.2　新媒体文案正文写作的技巧

不同的新媒体文案类型在进行正文写作时，其侧重点可能不同，但写作的技巧是相通的，新媒体创作人员运用这些技巧，便可创作出具有吸引力和商业价值的新媒体文案。新媒体文案正文写作主要有以下 5 个方面的技巧，如图 2-16 所示。

- 挖掘新意，吸引眼球
- 幽默独特，过目不忘
- 结构得当，语言得体
- 坦诚对人，尊重用户
- 情感联结，建立信任

图 2-16　新媒体文案正文写作的技巧

1. 挖掘新意，吸引眼球

在这个信息过剩的时代，人们的日常生活中充斥着各种各样的信息，但很少有人会浏览每一条信息，用户通常会选择最有价值的信息进行浏览和阅读。在这种环境下，新媒体创作人员要想创作出吸引用户的文案，就需要找到自己的文案和同类型文案的不同点，创作独具新意的正文内容，使用户形成独特的印象。要挖掘独具新意的正文内容，新媒体创作人员应养成多角度、多维度思考的习惯，及时记录下脑海中闪过的所有创意。同时，新媒体创作人员还要学会反向看待问题，从事物的背后寻找亮点，将那些本不相关的事物进行创意融合，从而获取一个好的文案创意。例如，某汽车的新媒体文案的作者从用户对生活的热爱和态度出发，着重表现某汽车的车身弧线。文案的正文内容视角新颖，侧重表现车身弧线和用户的内心感受，以此作为产品宣传和推广的核心点。

2. 幽默独特，过目不忘

用户是否深入阅读正文，除了判断内容是否与自己有关之外，还会判断正文的趣味性。体现正文趣味性最好的方法就是在正文中增加幽默元素。

例如，某手机的产品文案正文内容"嗨，相信吗？我的手机能让耳朵兴奋！只要一拿起它，我就能摇身变成混音师！"，该文案的正文内容不仅幽默、有趣，更重要的是该文案将个性化的内容与产品功能相结合，让消费者能够感受到这部手机的非凡之处，从而产生购买产品的冲动。

在新媒体文案正文中增加幽默元素，提升正文的趣味性，有4种常用的手法。

（1）曲解原义法：即利用经典文章和词句做出歪曲的、荒谬的解释。

（2）制造反差法：即故意营造出一种让人"误解"的语境，制造反差。

（3）歪理错位法：即使用一些有悖于常规思维的奇妙逻辑。

（4）自嘲法：违反常理，揭自己的短，以博用户一笑。

其实，在正文中营造幽默氛围的方法还有很多，但需要注意在添加幽默元素时要尽可能做到自然。千万要把握好尺度，切不可将各类低俗的信息当作幽默元素添加到正文中。

3. 结构得当，语言得体

文案创作人员在进行文案创作的时候，要根据写作的中心及用户的特点，选用适当的结构来进行写作。如果文案的结构选择不当，则有可能会导致文案丧失吸引力。在创作文案正文内容时，语言一定要得体，做到通俗易懂，同时还要注意语气、语调、语态及语言风格等方面的运用。

4. 坦诚对人，尊重用户

新媒体创作人员在进行文案正文写作时，要将用户视为亲切交谈的朋友，关注用户的需求，在字里行间要体现出对用户的尊重，实实在在地将真实信息传递给用户。正文内容可以通过不同的方式来表达，但是不能过度夸张乃至出现虚假信息，以免误导用户。另外，高高在上，表现出强烈的优越感，指责和讽刺用户，自说自话等都是不可取的行为，这样做只会令用户产生反感，甚至是抵触心理。

5. 情感联结，建立信任

新媒体创作人员在进行文案正文写作时，还要善于与用户建立情感上的联结，使用户产生信任感，从而认可文案的内容。对于带商业目的的新媒体文案来说，培养用户的信任感非常重要，它是文案变现的重要"抓手"。信任感需要通过情感或理智的引导逐步培养，所以，新媒体创作人员一定要让自己的情绪与用户的情绪产生共鸣，从而使用户对作者或文案产生信任感。

子任务 2.4.3 新媒体文案正文写作的基本原则

新媒体文案正文写作只要围绕文案的核心内容和重点诉求呈现完整的信息即可，如果能形成话题效应，并促使用户产生相应的行动就更好了。新媒体创作人员可根据实际需求灵活安排正文内容、结构、叙述方式等，但在写作过程中应遵循新媒体文案正文写作的3项基本原则。

1. 突出主题

文案创作人员进行新媒体文案创作时，可能有许多观点要呈现，有许多话要说，但是正文中往往很难涵盖所有的内容。如果文案的内容过于冗长，也会给用户带来不好的阅读体验，使用户在阅读的过程感到疲劳。正文的创作一定要从用户的角度出发，避免对用户造成信息压迫和单向的信息灌输。要想使正文的内容主题突出、信息明确，方法很简单，就是确定正文要表现的核心诉求点或利益点，然后使用最少的信息将这些核心内容表现出来。

2. 信息完整

新媒体文案的正文内容虽然要精简，但所呈现出来的信息必须要保证其完整性。例如，某款手机产品的文案中，除了通过图文形式展示产品的卖点、外观、功能以及价格等信息外，还会为用户详细展示产品的参数信息，如图 2-17 所示。

图 2-17 某款手机产品文案中的参数信息

又如，某文案的正文要阐述一个社会问题，除了重点讲述这个问题当前的表现和影响以外，新媒体创作人员还可以将这个问题的来龙去脉梳理出来，这样才便于用户更好地了解作者的观点。

要想保证正文信息的完整性，新媒体创作人员需要不断提升以下 4 种能力。

（1）认知能力：新媒体创作人员要对事物和用户的需求都有清晰的认识。

（2）信息搜集能力：新媒体创作人员要善于从纵向搜集信息，包括过去、当前和未来的信息；还要善于从横向搜集信息，如他人的观点、竞争对手的发展水平和技术优势等。另外，文案写作者要善于借助多渠道获取信息，包括互联网、图书馆等渠道。

（3）信息整理能力：新媒体创作人员需要在认知基础上对所搜集的信息进行系统的整理，将杂乱无章的信息分门别类地整理好，将无用的信息过滤掉。

（4）信息使用能力：新媒体创作人员要将有用信息与文案有机地结合起来，使文案表述自然、观点清晰。

3. 条理清晰

新媒体文案的正文要做到层次分明、条理清晰，新媒体创作人员需要将搜集的信息按照一定的逻辑进行整理，尽可能地将信息化繁为简，使复杂的信息变得简洁易懂。尤其是论证性的文章，使用的理论或者事实依据需合理安排，并进行严密论证，确保正文的逻辑清晰。

子任务 2.4.4　新媒体文案正文的写作方法

新媒体文案正文的主要作用就是吸引用户阅读全文，并采取相应的行动。在新媒体文案正文写作过程中，通常都是利用正文开头来激发用户的阅读兴趣；通过正文主体来提高用户的阅读体验；最后在正文结尾部分促成用户的成交或分享。下面就为大家分别讲解正文开头、主体和结尾 3 个部分的写作方法。

1. 好开头，引兴趣

新媒体文案正文的开头部分有着承上启下的作用，是标题过渡到正文主体的重要连接部分。正文开头可以通过直接呈现、制造悬念、提出问题、营造氛围这 4 种方法来呈现标题，引出正文主体内容，如图 2-18 所示。

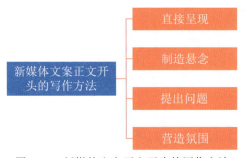

图 2-18　新媒体文案正文开头的写作方法

1）直接呈现

直接呈现就是开门见山地将正文所要阐述的核心内容直接呈现出来，使用户阅读完开头就能知道接下来的主体部分讲述的是什么内容,用户能够在第一时间了解文案的核心内容。

2)制造悬念

制造悬念就是在正文开头营造一个谜团,用标题制造悬念时通常只是抛出一个问题,而用正文开头制造悬念的手段则更为多样。通常的写法是先简单交代一下事物,随后抛出与事物有关的还未澄清或还未公开的问题,引发用户的好奇心。

3)提出问题

以提问的方式作为文案正文的开头,可以激发用户的好奇心,与用户进行互动,从而迅速拉近作者和用户之间的距离。提出问题的写作方式可以激发用户的求知欲,并刺激用户为满足自己的求知欲而行动。在正文开头进行提问还能够帮助用户迅速将注意力集中到后面的正文主体上。

正文开头一般是针对核心问题和用户最关心的问题进行提问。比如,提问用户是否知道这种产品为何与众不同;或者提问用户一个社会问题的症结在哪里;也可以提问用户是否知道如何达到一个特定的目标。

4)营造氛围

氛围对吸引用户、留住用户非常重要。在正文的开头通过短短几句话营造出一种正文需要的氛围,能够有效地将用户代入某个情景中,令用户想象和感受到相应的情绪,从而紧紧地抓住用户的心,帮助用户产生沉浸式体验。

开头营造氛围要求新媒体创作人员具有较强的文字功底,能够通过短短几句话勾勒出立体的、形象的、生动的画面。

2. 好主体,提高阅读体验

正文主体呈现的是新媒体文案的核心内容,新媒体创作人员一般会通过正文主体来揭示文案的主要内容、主要观点及文案的写作目的等。在进行正文主体写作时,应注意以下3点,如图2-19所示。

图2-19 新媒体文案正文主体的写作要点

(1)信息的充足性。正文主体作为文案的核心部分,要将所有该呈现的信息全部呈现出来,为标题和开头提供内容支持,不要让标题和开头沦为空谈。

（2）内容的逻辑性。由于正文主体所呈现的信息量较大，更应该注意内容的逻辑性。在写作时要遵循文案写作的规律和用户的阅读习惯，做到层次分明、条理清晰。

（3）内容的适量性。在写作过程中并不是要将所有的信息都呈现出来，新媒体创作人员要根据实际需要灵活地进行取舍，把握好文案的长度。文案过长可能会使用户感到疲劳，文案过短则无法很好地表达内容。

3. 好结尾，提高分享欲

一篇文案到底好不好，关键在于它能不能获得较高的转化率和传播度。而通常新媒体创作人员会利用文案结尾部分来促进转化和分享。我们平时看文章时，会看到很多的结尾方式，最常用文案结尾方式有以下 3 种。

1）"总结 + 金句"式结尾

最常见的新媒体文案结尾模式就是在文末归纳总结文章的重点，一般在正文中会集中阐述 3～4 个子观点或子话题，结尾部分就需要对这些观点和话题进行总结，如果能适当加入一两句"金句"，就能起到升华主旨、画龙点睛的作用。

"总结 + 金句"式结尾特别适合方法技巧类的新媒体文案。例如，某新媒体文章"藏女儿录取通知书 17 年，山东父亲被骂惨：最伤人的永远不是真相"，该文章从分析当时的一个热门事件开始，讲述这位热门事件中的父亲为什么上热门，又为什么被众多网友网暴，到最后辨证说明父亲藏女儿录取通知书实属无奈之举，最后引用知名主持人何炅的句子来做总结：别轻易说出伤人的话，也别让善良的人寒了心，如图 2-20 所示。

> 何炅在谈网络暴力时曾讲到一句话，我很赞同：
>
> **"夸奖的话可以脱口而出，诋毁的话要三思而后行。"**
>
> 别人的生活，我们不曾参与，别人的对与错，我们无法评判。
>
> 虽然每个人都觉得自己只是"轻轻踩一下"，但对那个承受的人来说，却是千军万马踏过。
>
> 别轻易说出伤人的话，也别让善良的人寒了心。

图 2-20 "总结 + 金句"式结尾示例

2）抛出问题，引发思考

很多时候"抛出问题"的这种写作方式都能够有效增加作者与用户之间的互动，在新媒体文案的结尾处加上一句引人深思的提问会使整个文案增色不少。例如，新媒体文章作者在文章结尾处抛出"生活是什么"的问题，让用户思考的同时，也阐述了自己对生活的理解，如图 2-21 所示。

七八月份正是稻谷飘香的季节。田野里是一望无际的金黄稻穗。乡下的孩子们赤着脚在田野里追逐嬉戏；稻田里，妇女们配合着青蛙动听的歌声挥舞着镰刀割着稻谷，远处的山上，年轻貌美的姑娘们站在茶树前十指尖尖采茶忙，她们身上的五彩裙变成了一只只漂亮的蝴蝶儿……啊！好一派迷人的风景啊！看着他们那股努力的干劲，我也情不自禁地卷起裤腿，走进田野，挥起镰刀……如果你在这时问我：生活是什么？我会毫不犹豫地告诉你——生活是一双勤劳的手。生活的本质就是劳动，只有劳动才能让生活变得充实而美好。

如果说劳动是一派迷人的风景，那么，生活就会是一道亮丽的风景线！

图 2-21 "抛出问题，引发思考"的结尾示例

3）呼应开头，强调主旨

首尾呼应的写作方式相信大家并不陌生，在文章结尾处呼应开头部分的内容，往往能够很好地突出文章的主旨，给用户留下深刻印象。例如，某篇标题为"人到中年，请收起你的穷大方"的新媒体文章，用"穷大方"这一行为开头，文末则呼应了标题和开头，如图 2-22 所示。

人到中年，请收起你的穷大方

在网上看到一个问题："人生几十年，你有哪些最深的领悟？"

有人回答："茶不要太浓，饭不要太饱，对人不要太好。"

因为，毫无保留的付出，于人于己，都是一种伤害。

不帮能力之外的忙，凉薄一点，才能稳定关系；

远离贪得无厌的人，心狠一点，才能收获尊重；

放下无关紧要的面子，洒脱一点，才能过好日子。

人生下半场，不逞强，不为难，不内耗，方能行稳致远。

愿你我都能收起"热心肠"，守好边界，把握分寸，愉人悦己，将琐碎日常过得活色生香。

图 2-22 "呼应开头，强调主旨"的结尾示例

任务 2.5 新媒体图文编辑排版

在新媒体文案写作中，好的内容固然重要，但图文的设计排版也很重要。掌握图文设计原则并加以合理运用，可以增强文案的可读性和美观度，从而吸引更多的人阅读。

子任务 2.5.1 字体、字号设计

新媒体文案的字体也很重要，同一文章，字体大小不一样，其排版效果也会有很大的区别。如图 2-23 所示，两篇文案内容一致，字体大小不一，效果也大不相同。

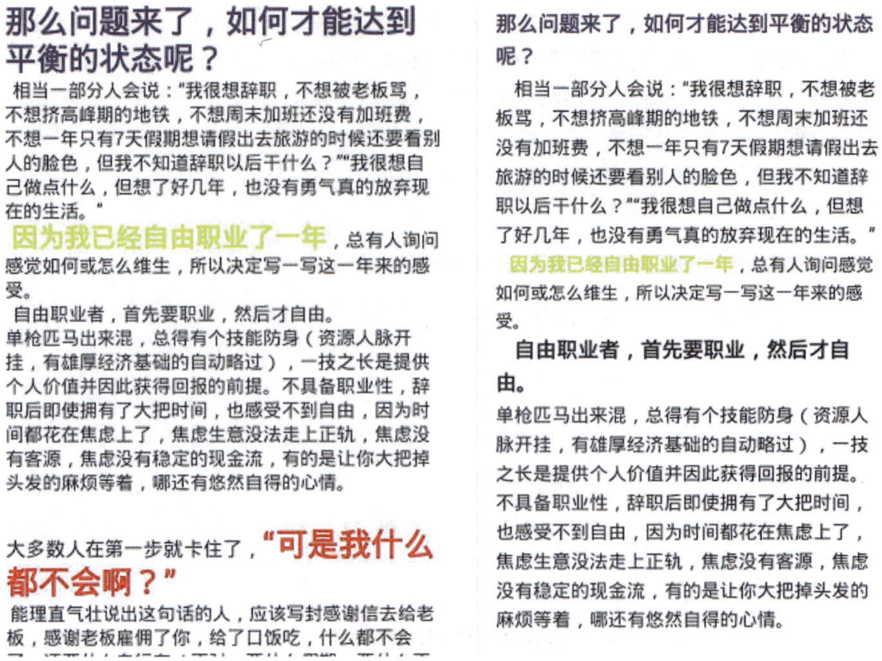

那么问题来了，如何才能达到平衡的状态呢？

相当一部分人会说："我很想辞职，不想被老板骂，不想挤高峰期的地铁，不想周末加班还没有加班费，不想一年只有7天假期想请假出去旅游的时候还要看别人的脸色，但我不知道辞职以后干什么？""我很想自己做点什么，但想了好几年，也没有勇气真的放弃现在的生活。"

因为我已经自由职业了一年，总有人询问感觉如何或怎么维生，所以决定写一写这一年来的感受。

自由职业者，首先要职业，然后才自由。

单枪匹马出来混，总得有个技能防身（资源人脉开挂，有雄厚经济基础的自动略过），一技之长是提供个人价值并因此获得回报的前提。不具备职业性，辞职后即使拥有了大把时间，也感受不到自由，因为时间都花在焦虑上了，焦虑生意没法走上正轨，焦虑没有客源，焦虑没有稳定的现金流，有的是让你大把掉头发的麻烦等着，哪还有悠然自得的心情。

大多数人在第一步就卡住了，"可是我什么都不会啊？"

能理直气壮说出这句话的人，应该写封感谢信去给老板，感谢老板雇佣了你，给了口饭吃，什么都不会

图 2-23　两篇文案字体对比

由此可见，文案字体对文案起着关键作用。对于字体的使用，建议如下。

1）同一级内容字体一致，有段落层次

所有的二级小标题字体都用大一号字体，比如二级小标题用 20 号字体，其他的就不要再用 16 号或者 18 号字体。如图 2-24 所示，在微信后台文字大小默认就是 16 号的字体。所以，目前微信上主流的字体就是 16 号。

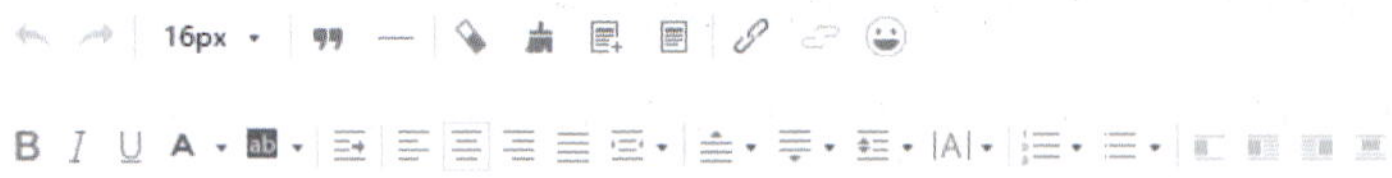

图 2-24　微信默认字体

2）字体变化不要超过 3 种

正文中有些小提示可用到比 16 号更小的字体，如 10 号、11 号；特别醒目的标题可用大字体，如 20 号、24 号。但在同一篇文章内字体差异不能太大，尽量控制在 3 种以内。如一级标题用 20 号字体，二级标题用 18 号字体，正文用 16 号字体。

3）不同字体尽量不要出现在同一行

在一篇文案内，即使有 2 ～ 3 种字体，也不要把字体的大小换来换去，尤其在同一行中。可能有人会提出疑问，在用 16 号字体写正文过程中如遇到重点，是否可以把字体变大？除了一些特殊排版会看到放大首字母外，不建议在同一行里面改变字体大小。当然，文中或文末一些提示性的文字，如"回复 1，看到某某内容"属于提示性部分，可以更换字体。

同时，字体颜色对整篇文案的影响也很大。如图 2-25 所示的同一文章，不同的颜色，产生了不同的阅读效果。

那么问题来了，如何才能达到平衡的状态呢？

相当一部分人会说："我很想辞职，不想被老板骂，不想挤高峰期的地铁，不想周末加班还没有加班费，不想一年只有7天假期想请假出去旅游的时候还要看别人的脸色，但我不知道辞职以后干什么？""我很想自己做点什么，但想了好几年，也没有勇气真的放弃现在的生活。"

因为我已经自由职业了一年，总有人询问感觉如何或怎么维生，所以决定写一写这一年来的感受。

自由职业者，首先要职业，然后才自由。

单枪匹马出来混，总得有个技能防身（资源人脉开挂，有雄厚经济基础的自动略过），一技之长是提供个人价值并因此获得回报的前提。不具备职业性，辞职后即使拥有了大把时间，也感受不到自由，因为时间都花在焦虑上了，焦虑生意没法走上正轨，焦虑没有客源，焦虑没有稳定的现金流，有的是让你大把掉头发的麻烦等着，哪还有悠然自得的心情。

大多数人在第一步就卡住了，"可是我什么都不会啊？"

那么问题来了，如何才能达到平衡的状态呢？

相当一部分人会说："我很想辞职，不想被老板骂，不想挤高峰期的地铁，不想周末加班还没有加班费，不想一年只有7天假期想请假出去旅游的时候还要看别人的脸色，但我不知道辞职以后干什么？""我很想自己做点什么，但想了好几年，也没有勇气真的放弃现在的生活。"

因为我已经自由职业了一年，总有人询问感觉如何或怎么维生，所以决定写一写这一年来的感受。

自由职业者，首先要职业，然后才自由。

单枪匹马出来混，总得有个技能防身（资源人脉开挂，有雄厚经济基础的自动略过），一技之长是提供个人价值并因此获得回报的前提。不具备职业性，辞职后即使拥有了大把时间，也感受不到自由，因为时间都花在焦虑上了，焦虑生意没法走上正轨，焦虑没有客源，焦虑没有稳定的现金流，有的是让你大把掉头发的麻烦等着，哪还有悠然自得的心情。

大多数人在第一步就卡住了，"可是我什么都不会啊？"

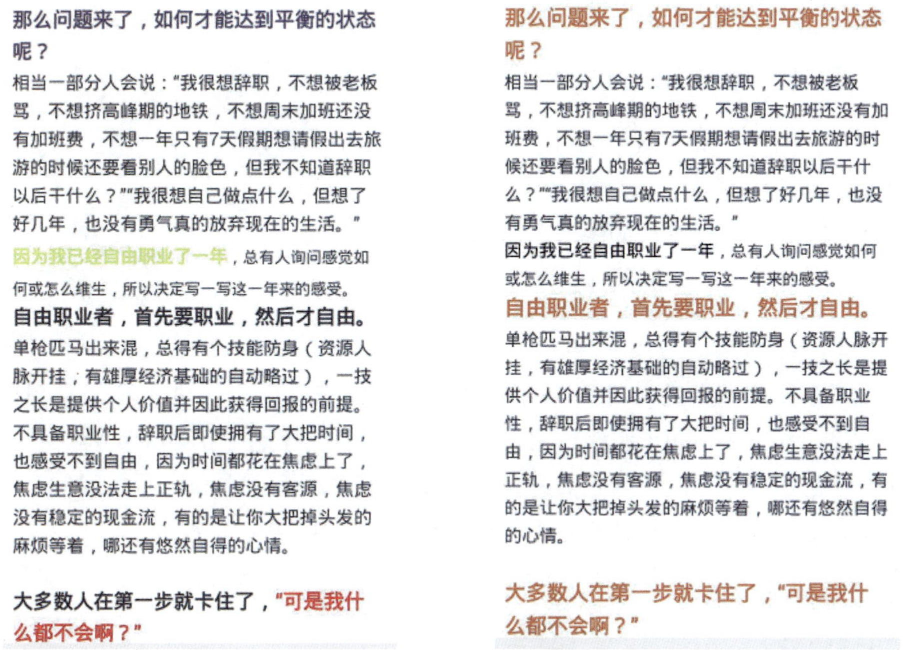

图 2-25　文案字体颜色对比

要想把版面做得好看，就必须花一点心思。例如，大型国企、政府类的官方账号，在选择字体时会偏向于黑灰，既不失官方的严谨，也能突出重点。

关于文案字体颜色的建议如下。

1）颜色总数不超过 3 种，最好统一不撞色

除了黑色和白色外，整篇文章的字体最好不超过 3 种，且与文章调性相符。如文章内容提及咖啡厅，给人慵懒、暖洋洋的感觉，建议使用棕黄色。整个文章的文字颜色要统一，不建议相撞颜色，比如黄色和绿色、红色，放在一起使用。

2）颜色画框里常用的颜色

字体颜色和文章的调性相关。结合整篇文章的内容，如抒情类内容就不要用特别冷的颜色，如蓝色；喜庆类内容，多用红色、黄色、紫色等偏暖色调字体。

比如，选择黄色作为文章字体的主色调，为了区分标题，可以在黄色所在行挑选其他颜色作为标题字体的颜色，因为同一行颜色的深浅度比较一致，这样做可以保证文章字体颜色和标题字体颜色的整体一致，如图 2-26 所示。竖排的颜色，因为色调差别大，颜色差别明显，用起来易让人觉得字体颜色差别大。

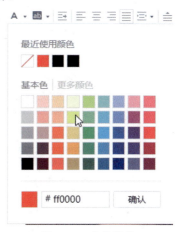

图 2-26　字体颜色

所以，使用多种颜色时，建议在同一行里面进行选择。在挑选颜色时，切记不要用颜色冲撞性特别大的，如同时用暖色调颜色和冷色调颜色。

子任务 2.5.2　图文排版设计

美国著名设计师罗宾·威廉姆斯在其著作《写给大家看的设计书》中总结了设计的 4 个基本原则——亲密性、对比、重复和对齐，如图 2-27 所示，这 4 个原则同样适用于新媒体文案的图文排版。

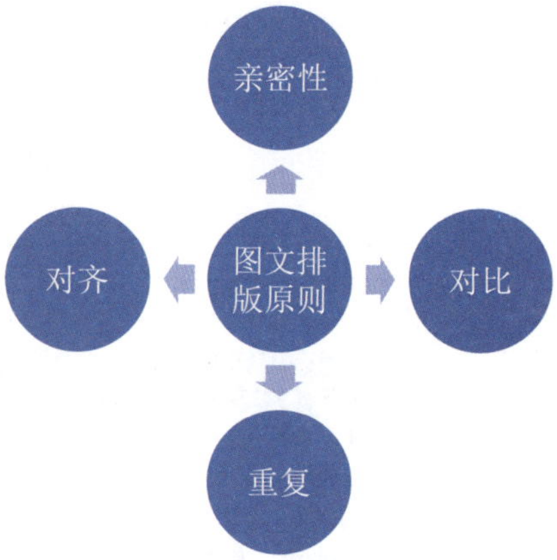

图 2-27　图文排版原则

1. 亲密性

亲密性是指彼此相关的内容应该相互靠近，归组在一起，成为一个视觉单元，而非多个孤立元素。亲密性有助于组织信息，减少内容混乱，呈现出清晰的结构。例如，标题和正文是各自独立的两个板块，正文各段落的亲密度要高于正文与标题之间的亲密度。因此，标题与正文之间要有很明显的区隔，如空行、插入头图或者分隔符（引导关注）等。

特别是文字比较多的文案，可以通过段落层次和行间距来解决。段落层次是指分段，用序号将文章内容罗列成小段，让内容看起来更清楚，如图 2-28 所示。引起字体拥挤的原因还可能是行间距，可适当调整图片和文字之间的行间距、段落和段落之间的行间距，如图 2-29 所示。

图 2-28　段落层次案例

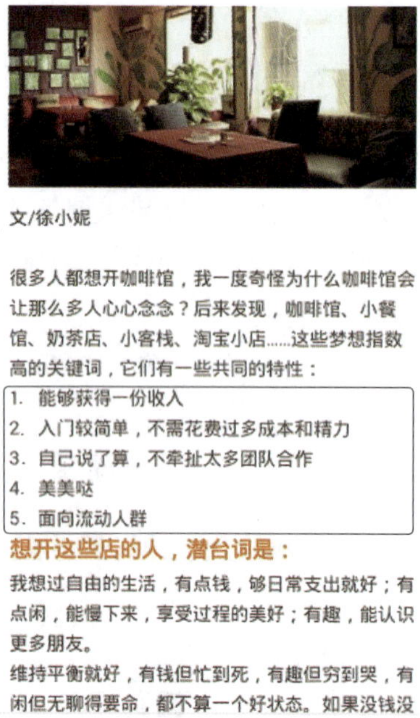

图 2-29　行间距案例

调整文字与文字的行间距，一般默认为 1 倍，建议调整为 1.5 倍；调整段落和段落的行间距，建议隔一个空行；调整段落和图片的行间距，也建议隔一个空行。

2. 对比

对比的基本思想就是要避免页面上的元素太过相似。如果元素特征（如字体、颜色、大小、线宽、形状、空间等）不相同，那就用对比让它们显得截然不同。对比能够让信息更准确地传达，内容更容易被找到、被记住。如果想让对比效果更明显，就一定要大胆，不要让两种颜色看起来好像差不多但又不一样。当然也不要在同一个页面中使用太多种字体。

为了更好地表达文案内容，可以在文案中搭配置相关图片。文案配图应遵循干净、简洁的原则。在选择图片时，应选择与内容相符的图片。此外，还要注意保持图片内容、色彩、色调一致。

以微信公众号文案为例，微信官方推荐图片尺寸大小为：900 px×500px，而根据网络得出的最佳尺寸为：600 px×275 px。同时，建议图片宽度不超过640px，像素过大会被微信自动压缩，导致变形。另外，整个文章搭配什么图片都有讲究，图片应贴合内容。

3. 重复

在页面设计中，重复是指一些基础元素可以反复使用，包括颜色、形状、材质、空间关系、线宽、字体、大小和图片及一些几何元素等，这样可以增加画面的条理性和整体性。

4. 对齐

在页面设计上，每一个元素都应该与页面上的另一个元素存在某种视觉联系，这样才能建立清晰的结构。常见的对齐方式有左对齐、右对齐、居中对齐等。居中对齐比较少用，也不建议大家用。在版面设计的时候一定要找到某个联系，找对齐线才行。

对于日常生活中的图书、文件内容，为了更好地呈现段落，基本都是首行缩进。但由于手机屏幕呈长方形，阅读时基本不需要左右转动眼球，故不需要首行缩进。段落之间，空几个字反而带来不好的阅读效果。如图2-30所示的两种对齐方式，没有首行缩进反而更有利于阅读。

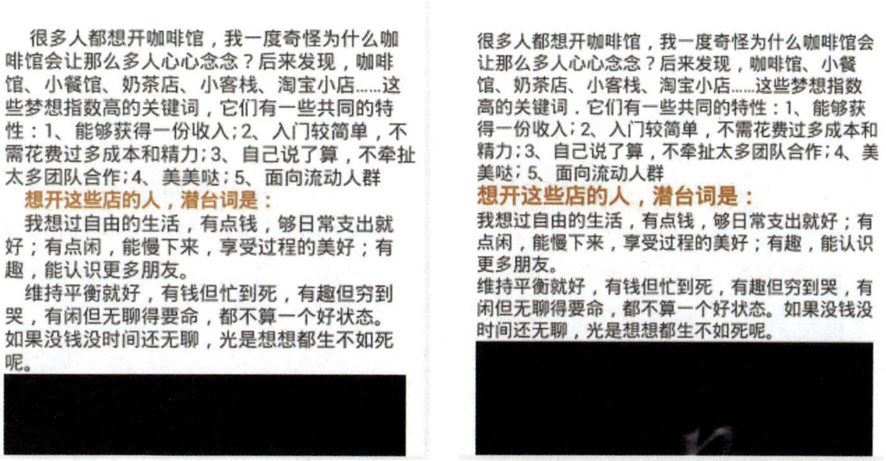

图2-30 两种对齐方式对比

同时，为了便于阅读，还应注意排版布局。排版布局主要包括两方面：顶部和底部。建议大家利用好文章顶部和底部的位置，让排版更加多样化，不要让整篇文章里只有正文。

很多文案都会在顶部设置一个导读板块，用于介绍整篇文章写了哪些内容。特别是专业性较强的原创性文章，更加需要导读或摘要。对于部分专业性很强的文章，由于篇幅较长，读者也不知道里面具体的内容，就可以在顶部提炼要点。在推广活动的文章时，最好在顶部列出导读或摘要，用简短易懂的文字告诉读者做活动的理由及如何参与活动、活动优惠和礼品等。

对于底部而言，可用来放置广告，也可以用来强调账号（编辑）情况，或者用来介绍本公众号里的其他相关文章。例如，某知名人士的微信公众号文末就设置有"＊哥闲谈"板块，通过该板块还可以跳转至其他文章，如图 2-31 所示。底部可放的内容是多种多样的，设计者可根据自己的喜好放置内容，如介绍账号、文章杂谈、二维码、点击关注等。

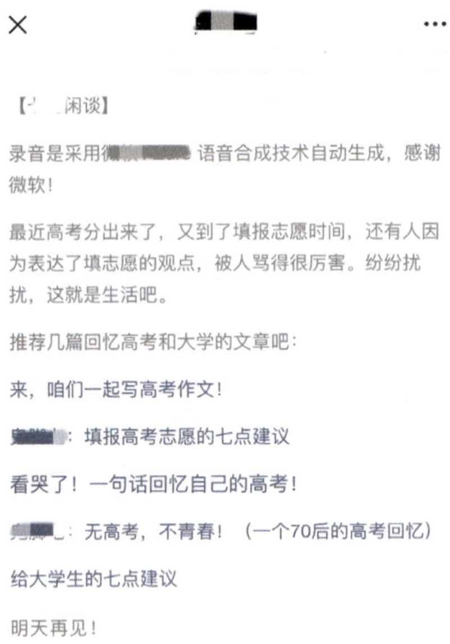

图 2-31 "＊哥闲谈"板块

子任务 2.5.3 常用的新媒体排版工具

在营销推广过程中，难免要用到图文推广方式，自然也需要将图文内容进行排版编辑，使图文更具美观性及可读性。下面以微信公众号的图文排版为例，介绍常见的排版工具（如微信自有工具、秀米编辑器、135 编辑器、i 排版、微信公众号配图神器）等。

1. 微信自有工具

微信公众平台自带图文编辑功能，如图 2-32 所示为微信公众平台的编辑页面。通过该页面的自带工具可以完成图文排版的基本操作，其主要功能如下。

图 2-32 微信公众平台的编辑页面

（1）调整文字大小、粗细、颜色及字体设置；

（2）分隔线设置，区分文字间隔；

（3）调整背景色、行间距等；

（4）左、右对齐、文章序号、无序列表；

（5）清除格式，不需要其他格式；

（6）插入图片、视频、音频、投票、小程序等。

虽然微信自有工具已可满足简单的排版设计，但为了内容多样化，也可以选择第三方编辑工具来排版。同时，使用第三方编辑工具排版可提升工作效率，也有利于找到合适自己账号发展的版式。

2. 秀米编辑器

秀米编辑器是一款功能强大、容易上手的新媒体内容编辑软件。这款软件适合初学者使用，轻松完成图文排版。如图 2-33 所示，可根据用途、行业、节假日等元素找到合适的排版风格，并一键套用。

图 2-33 秀米编辑器的风格排版页面

重点推荐秀米编辑器如下功能。

（1）新模板：根据不同节假日，更新对应的模板；

（2）标题：空白页面，方便直接编辑标题，免去花哨文字；

（3）卡片：可用卡片突出重点文字或段落，使文章更具层次感；

（4）分隔线：有多种分隔线样式可供选择。

无论是编辑新页面，还是修改之前的草稿，秀米编辑器都很支持。此外，秀米编辑器还支持将排版后的文档分享给他人，以方便团队协作。使用秀米编辑器处理后的内容，可直接同步到微信公众平台，无须复制粘贴操作。

3. 135 编辑器

135 编辑器最大的亮点在于其丰富的样式库，支持插入排版、秒刷排版、一键排版；支持样式操作、换色与传递、文档导入、生成长图文、微信同步和定时群发等功能。

135 编辑器问世较早，拥有大批粉丝，其最值得一提的功能为定时群发。如图 2-34 所示，在 135 编辑器平台，单击用户名，在弹出的文本框中单击选择"定时群发"功能，可解决用户每天早起或晚睡发文的烦恼。

图 2-34　135 编辑器的定时群发功能

4. i 排版

i 排版编辑器是排版工具中的后起之秀，风格偏清新文艺风，编辑界面比较干净，容易上手，支持多种富文本格式样式。i 排版支持团队会经常推出使用教程，是一个值得推荐的工具。i 排版主要特点如下。

（1）调整页边距：通常，文章整体页边距为"1"，如果正文中有应用的段落，可将其页边距调整为"2"，使整体排版效果更佳。

（2）微信同步：可以一键把编辑好的图文内容用在微信公众平台的素材库里。

（3）生成长图：可在线生成长图，把排版好的内容发到微信公众号、微信朋友圈、微博等平台中。

（4）短网址：长网址不方便查看和转发，i 排版的短网址功能支持生成短网址和对应的二维码。

（5）弹幕模式：使用弹幕模式，可让文字在图片中依次飞过，增加文章的趣味性。

此外，i 排版还支持一键缩进、一键添加签名等，整体来说，其功能不逊色于秀米编辑器。

上述几种工具软件适合各种类型的新媒体内容排版，除此之外，市场上还有很多排版工具，如百度 Ueditor、易点微信编辑器等。用户可尝试体验使用多种编辑器，从而找到最合适自己的工具。

5. 微信公众号配图神器

在进行图文排版时，为活跃版面内容可增加一些图片。用户可以根据自身公众号的定位，在国内外图片网站上选用其他风格的图片。

1）动图网站推荐

在做内容运营时，有些心情用文字表达不出最优效果，此时可以适当选择表情动图。这里推荐一些不错的动图网站（排名不分先后），如表 2-1 所示。

表 2-1 动图网站

网站名称	推 荐 理 由
小猪动图	动图很萌，含近期流行和分类检索，还有各种综艺表情包
无奇动图	专注于 GIF 动图的搜索平台，含热门动图、动图表情包、综艺影视剧类的动图、海量明星名人动图、美食美景动图、萌物萌宠动图等
soogif	一个定位给微信公众号提供动图素材的网站，可直接在新版 135 编辑器中使用
Rafael-varona	站内动图精巧呆萌，偏后现代风格，涵盖类型广
Gifparanoia	动态图片效果好，网站的整个页面都是动态图片
giphy	一个主要以国外人物和图像为主的动图网站

2）静图网站推荐

很多国外静图网站更新速度快、质量高，值得推荐，部分静图网站如表 2-2 所示。在选用静图时，要注意版权问题。大家可多了解一些静图网站，并进行分类整理，以方便使用。

表 2-2 静图网站

网站名称	推 荐 理 由
花瓣网	一个主打文艺静图的网站，图片像素高。推出的朋友圈配图可以满足多种搞笑风格使用
视觉中国	一个主打黑白视觉系静图的网站，有很多富含艺术特色的水粉画
创客贴	一个专门做微信公众号封面的网站，有专门的模板素材，简单修改后可直接使用
foodiesfeed	一个专门做美食类静图的网站，图片高清、色彩鲜明，特别适合美食类的微信公众号使用
Pexels	一个提供海量共享静图素材的网站，图片质量高，且都会显示详细的信息，包括相机型号、光圈、焦距、图片分辨率等
Unsplash	一个提供免费高质量照片的网站，站内图片均是实物拍摄，且更新速度快
magdeleine	一个提供高分辨率照片的网站，可以通过颜色、情绪等查找图片

课堂实训　撰写旅游电商产品详情页文案

电商产品详情页文案能够最大限度地展示产品的卖点，使消费者了解产品的各项信息，延长在店铺的停留时间；同时产品详情页文案还可以间接地引导消费者进行购买，提高店铺的转化率。撰写旅游电商产品详情页文案需要考虑以下几个方面。

（1）目标受众：首先需要明确产品的目标受众，了解他们的需求和兴趣，以便有针对性地进行文案撰写。

（2）产品特点：需要深入了解产品的特点、优势和卖点，以便在文案中突出产品的特点和价值。

（3）语言风格：需要根据目标受众的语言风格和阅读习惯，选择合适的语言风格和表达方式，使文案更具吸引力和感染力。

以下是一个旅游电商产品详情页文案的示例。

【产品名称】某海滨城市 4 天 3 晚自由行

【产品特点】

畅游美丽海滨城市，感受阳光沙滩和清澈海水的美妙；

深度探索当地文化，参观历史古迹、博物馆和美食街区；

自由选择出行时间，灵活安排行程，尽情享受度假时光；

提供优质酒店住宿和当地交通服务，让您轻松出行、无忧度假。

【行程安排】

第一天：抵达目的地，接机入住酒店；

第二天：参观当地著名景点、博物馆和美食街区；

第三天：前往海滨沙滩，享受阳光海水和沙滩运动；

第四天：自由活动或参加当地特色旅游活动。

【费用包含】

酒店住宿 3 晚（标准双人间）；

当地交通服务（接机和送机）；

行程中所列景点门票费用。

【注意事项】

该产品为自由行产品，不提供导游服务；

行程安排仅供参考，具体行程可根据个人喜好和时间自由安排；

如需参加当地特色旅游活动，需自行预订或联系当地旅行社。

【预订方式】

在网站或 App 上选择出行日期和人数，填写个人信息即可完成预订；

预订成功后，须在规定时间内支付订单费用；

出行前，将会收到确认邮件和行程单，请注意查收。

在具体写旅游电商产品详情页文案时，还应注意如图 2-35 所示的几点。

图 2-35　详情页文案写作要点

1. 虚实结合

创作详情页文案时，对于产品基本信息的描述一定要符合实际情况，确保真实可信，不能肆意夸大或者弄虚作假，但对于产品的背景介绍、消费者反馈等内容的描述可以适当进行一些美化和加工，让产品看起来更加有内涵和品质保障。例如，某旅游产品详情页的文案中，讲述"特色体验草原游牧"这一项目时，提到"草原骑马""穿藏服""藏式土火锅"等体验，如图 2-36 所示。这些项目图片可以适当美化，但项目必须属实，否则客户体验后容易失望，招来差评。

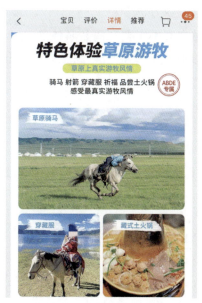

图 2-36　虚实结合的文案

2. 图文并茂

一篇优秀的详情页文案，既要有必要的文字解说，也要通过精美的图片来吸引消费者的注意力。只有图文结合的产品详情页，才能为消费者提供一个良好的视觉体验。当然，文案创作者在创作的过程中还需要注意图片和文字的美化。例如，某旅游产品详情页的文案中，讲述"特色体验船上BBQ"这一项目时，配以精美的BBQ图片，让人垂涎欲滴，如图2-37所示。

3. 详略得当

一篇好的产品详情页文案，能够让消费者在众多的描述中迅速提炼出有用的产品信息。如果产品详情页的描述重复拖沓，没有重点，那么消费者很有可能不会深入浏览页面，而是直接退出。

4. 场景化

为了使详情页文案内容更生动、更真实，同时也加强消费者对信息的感知，文案创作者需要为文案内容打造一定的场景。通过某些特定的场景，来激发消费者的购物欲望，使消费者产生代入感，从而在内心深处建立起对产品的感知。例如，某旅游产品详情页的文案中，讲述"特色体验河它温泉"这一项目时，特意搭配了其他用户在泡温泉时的照片，将用户代入到具体场景中，以此刺激用户下单体验，如图2-38所示。

图2-37　图文并茂的文案

图2-38　场景化的文案

由此可见，旅游电商产品文案不仅要写清楚具体的时间、行程安排等内容，还要通过虚实结合、图文并茂等技巧美化产品，刺激用户下单体验。

课后作业

1. 分析一篇阅读量超过10万的文案标题、正文的精妙之处。
2. 使用秀米编辑器为一篇文章排版。
3. 写一篇800字以上的产品文案。

项目 3　新媒体音频创作

学习目标

- 掌握新媒体音频的特点及价值。
- 掌握新媒体音频平台。
- 掌握热门音频内容分类及其制作要点。
- 掌握有声读物及其种类。
- 掌握有声读物的选题策划。
- 掌握有声读物的出版流程。
- 掌握付费音频稿的创作要点

近年来，随着人们对于音频内容的需求不断增加，以及信息技术的发展，新媒体音频市场呈现出快速发展的趋势。如果想深耕音频市场，就需要掌握当前较为流行的新媒体音频平台，如喜马拉雅、荔枝 FM、蜻蜓 FM 等，并知悉新媒体音频内容的策划及内容创作要点。

任务 3.1　认识新媒体音频

新媒体音频主要指在网络上发布、传播音频内容的平台。这些平台形式多样，包括音频社交媒体、音频直播平台、音频互动社区以及音频资讯网站等。根据相关数据，2016年中国音频市场规模为19亿元，2021年达到了220亿元，预计2023年达到3 003亿元。由此可见，新媒体音频市场有着巨大潜力。新媒体音频拥有这样的规模，离不开如图3-1所示的原因。

图 3-1　新媒体音频火热的原因

1. 音频市场的发展

随着媒体融合的不断深入，音频领域抓住新的机遇，广播 FM 向在线音频方向持续发力，顺应用户的收听习惯，逐渐完成声音媒体的形态转型。物联网技术的发展拓展了收听场景，使音频的收听场景不再单一。

2. 品牌传播能力强

音频媒体具有强有力的品牌传播能力。将品牌特有的音效或声音符号，与品牌巧妙结合后在有力的传播手段下，品牌和消费者之间便会逐渐建立听觉共识，形成该品牌独有的品牌音频信息，这就是声音独特的魅力。

3. 音频媒体具有陪伴属性

音频陪伴是一种有深度并且浸入感很弱的陪伴。在快节奏的生活中，越来越多的人习惯于利用碎片化的时间来获取信息或者放松自己，音频媒体恰好满足了这一需求。

4. 内容消费的新选择

在流量红利逐渐褪去的背景下，广播人员、音频直播和有声读物已成为当代年轻人内容消费的新选择，"耳朵经济"逐渐成为新兴流量赛道。

子任务 3.1.1　新媒体音频的特点

新媒体音频之所以市场规模大，与它的个性化和精准化、双向互动性及多样化等特点密不可分。新媒体音频的特点如图 3-2 所示。

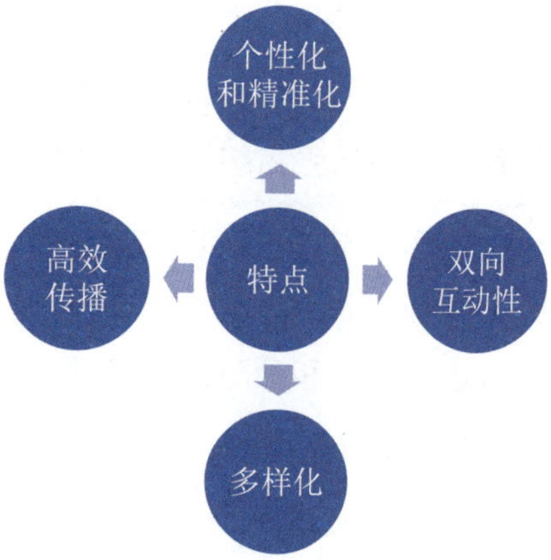

1. 个性化和精准化

新媒体音频更加个体化、互动化，针对不同用户的需求，可以提供大量垂直内容供用户选择，如健康、教育、相声、有声书等多个模块。这些海量内容也可根据用户的浏览习惯进行算法推荐，如新用户注册时便会给用户不同的兴趣内容可供选择，用户在使用过程中可根据引导进行点播。

2. 双向互动性

新媒体音频改变了之前受众被动收听的模式，形成了点赞、转发、评论等多种形式的双向互动，用户有了更多的媒介权利。

图 3-2 新媒体音频的特点

3. 多样化

新媒体音频传播呈现出多样化的特点，除了专业人员，业余爱好者也可以通过多媒体渠道获得相应的音乐。

4. 高效传播

新媒体音频传播渠道更加多样，已经不再受到时间和空间等多方面的限制。

由于新媒体音频的上述特点，使其成为了较为热门的新媒体营销方式之一。

子任务 3.1.2　新媒体音频的价值

新媒体音频作为热门新媒体营销方式，具有多方面的价值，如图 3-3 所示。

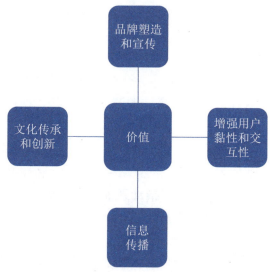

图 3-3　新媒体音频的价值

1. 品牌塑造和宣传

新媒体音频可以以更为生动、直观的方式呈现品牌和产品信息，增强消费者的理解和记忆，从而增强品牌影响力和形象。

2. 增强用户黏性和交互性

音频具有沉浸感和引导性，能够更好地满足用户的娱乐和学习需求，并促进用户与品牌方进行互动和参与，从而增加用户黏性。

3. 信息传播

新媒体音频可以丰富音乐文化传播中的传播主体，包括传播者和传播内容，通过多种传播方式满足不同用户的需求，提高传播效果。

4. 文化传承和创新

新媒体音频平台可以提供音乐、戏曲、说唱等文化形式的传承和保护，同时也可以通过音频直播、音频互动等方式，进行文化创新和传播。

由于新媒体音频的上述特性，使其成为一种越来越受到关注和重视的媒体形式。

子任务 3.1.3　新媒体音频平台

新媒体音频平台是指通过网络流媒体播放、下载等方式收听的音频内容平台。目前较为流行的新媒体音频平台包括喜马拉雅、荔枝 FM、企鹅 FM、蜻蜓 FM、懒人听书等，下面逐一介绍这些平台。

1. 喜马拉雅

喜马拉雅是知名的音频分享平台，总用户规模突破了 4.8 亿，是国内发展最快、规模最大的在线移动音频分享平台，汇聚了大量的优质音频资源。该平台提供了搜索和推荐功能，可以帮助用户发现热门和个性化的音频内容。喜马拉雅之所以有着较为理想的用户规模，与以下原因密不可分。

（1）UGC 模式：喜马拉雅通过与创作者合作，实现了 UGC（用户生成内容）模式，用户可以上传自己的音频内容，包括读书、讲段子、唱歌等，这种模式让喜马拉雅拥有了丰富的内容资源。

（2）社交功能强大：喜马拉雅的社交功能强大，用户可以关注、评论、点赞、转发和参与圈子等，这种社交方式使得用户之间的互动更加频繁，黏性更高。

（3）活动系统完善：喜马拉雅集成了活动系统，包括签到、任务、积分商城等，这种运营方式可以提高用户体验，增加用户黏性，同时也增加了平台的收益来源。

（4）搜索引擎优化：喜马拉雅的搜索功能强大，支持语音搜索和关键词搜索，用户可以通过搜索找到自己需要的内容，这种搜索引擎优化提高了用户的使用效率和满意度。

（5）用户体验良好：喜马拉雅的界面简洁明了，操作简单易用，同时提供了清晰的声音录制功能，用户可以轻松地录制自己的音频内容并分享到平台上。

由于喜马拉雅的上述特点，使其在音频行业中具有独特的优势和市场竞争力。

2. 荔枝 FM

荔枝 FM 是一款声音互动 App，致力于打造全球化的声音互动平台，帮助人们展现自己的声音才华。荔枝 FM 集录制、编辑、存储、收听、分享于一体，依托其声音底层技术积淀，可在手机内完成录音、剪辑、音频上传和语音直播等。

荔枝 FM 非常重视用户交互，为了加强用户与用户、用户与商家之间的联系，荔枝 FM 平台打造了社区用户板块。例如，新的荔枝 FM 版本中增加了多样化的社交玩法，将用户交流由单线性向多线性转移，形成了一个大型的聊天室。

荔枝 FM 内容丰富，主要分类包括情感、音乐、文化等，这些内容吸引了一大批女性用户。其中情感类节目远远领先于音乐与文化类内容。而且，荔枝 FM 培育的素人主播，保证了其内容的吸引力。

3. 企鹅 FM

企鹅 FM 是一款由腾讯开发的听书软件，有超多热门小说供用户选择，各种类型的电台应有尽有，包括情感、音乐、相声、娱乐等栏目。

企鹅 FM 作为腾讯旗下的音频分享平台，受益于腾讯的品牌影响力和用户资源，凭借着丰富的内容和优秀的用户体验，吸引了大量用户的关注和使用。这些用户不仅为企鹅 FM 带来了流量，还为平台提供了更多的内容和互动机会。

同时，企鹅 FM 注重用户体验，提供了简单易用的操作界面和高质量的音频播放效果。同时，企鹅 FM 还提供了个性化的推荐功能，根据用户的收听历史和偏好，为他们推荐更加符合其需求的内容。

企鹅 FM 背靠腾讯云强大的技术支持，提供了稳定、高效的音频流媒体服务。这使得企鹅 FM 在处理大规模并发用户请求、保障音频播放流畅性和稳定性方面具有显著优势。

由于企鹅 FM 有着腾讯的品牌优势、活跃用户多、良好的用户体验以及腾讯云的技术支持等多方面的特点，使其收获了大量用户。

4. 蜻蜓 FM

蜻蜓 FM 是一款优质的有声读物平台，它专注于财经领域的内容创作与分享。同时，蜻蜓 FM 也与各大出版社、图书馆等机构合作，提供了很多优质的有声书资源。根据艾瑞咨询的数据，蜻蜓 FM 的用户群体中，25 岁至 45 岁的占比近六成，这说明蜻蜓 FM 产出的内容总体上更为专业化，目标用户以希望获取专业知识的中青年为主，用户对垂直细分领域的内容也更为关注和感兴趣。

在音频资源方面，蜻蜓 FM 拥有庞大的音频资源，包括知名电台、主持人、专家访谈、音乐等内容，还有文化、历史、纪录片等专业领域的知识，覆盖面非常广，满足了不同用户的需求。

在功能创新方面，蜻蜓 FM 一直致力于创新，推出了多种形式的直播和录播功能，例如最近推出的"音频社交"直播功能，用户不仅可以听到高质量的直播，还可以和主播互动，增强用户之间的情感共鸣。

同时，蜻蜓 FM 也注重打造专业的创作者群体，包括细分领域的达人大 V、专业人士、名人大咖等，由于创作者和内容都较为专业，因此平台的营收也以付费订阅为主。

虽然在线音频市场面临着流量变现转化率不高和盈利难的窘境，但蜻蜓 FM 凭借其丰富的音频内容和专业的创作者群体，以及不断创新的功能，成功吸引了大量的用户，从而实现了良好的商业变现。

5. 懒人听书

懒人听书是由深圳市懒人在线科技有限公司开发运营的一款移动有声阅读应用，提供免费听书、听电台、听新闻等有声数字收听服务，用户规模上亿，是国内广受欢迎的有声阅读应用。

懒人听书是国内第一批有声读物创业者，其背后的盛大文学拥有丰富的版权库，使得懒人听书在内容上拥有强大的优势。经过多年的运营，懒人听书已经积累了近千万个由用户创建的精品听单，拥有了国内 85% 原创文学内容的有声改版权。

在技术创新方面，懒人听书还推出了 App 车载定制版及搭载 App 服务的智能音箱、儿童陪伴机器人、智能电视及扫地机器人等硬件，进一步拓宽了移动音频的应用场景。正因为它丰富的内容和不断创新的技术，使得其用户黏性非常高。

在付费收入方面，早在 2017 年，懒人听书的付费收入超过 1 亿元，成为首家盈利的有声读物平台。2018 年，其注册用户突破了 3 亿。这些都说明懒人听书在商业化方面也取得了很大的成功。

以上这些音频平台内容丰富，类型多样，满足了不同用户的需求，为用户提供了更便捷的音频体验。

任务 3.2　音频内容的策划

新媒体音频作为一种热门的新媒体营销方式，吸引了不少用户加入，通过产出优质内容来变现。在创作音频内容之前，需要先做一定的策划工作，例如了解新媒体音频的常见格式、掌握音频内容的分类、掌握有声读物及其种类、有声读物的选题策划等。

子任务 3.2.1　新媒体音频的常见格式

所有音频格式分为 3 大类：未压缩的音频格式、有损压缩音频格式和无损压缩音频格式。下面将介绍这 3 大类中比较常见的 10 种音频文件格式。

1. 未压缩的音频格式

未压缩的音频由真实的声波组成，这些声波已被捕获并转换为数字格式，无须进一步处理。因此，未压缩的音频文件往往是最准确的，但会占用大量磁盘空间，如 24 位 96kHz 立体声音频文件大小大约为每分钟 34MB。

1）音频文件格式 PCM

PCM 代表脉冲编码调制，是原始模拟音频信号的数字表示。模拟声音以波形形式存在，要将波形转换为数字，必须以特定间隔（或脉冲）对声音进行采样和记录。这种数字音频格式具有"采样率"（制作样本的频率）和"位深度"（使用多少位来表示每个样本）。该音频格式不涉及压缩。数字录音是模拟声音的接近精确的表示。

PCM 是 CD 和 DVD 中最常用的音频格式。有一种线性脉冲编码调制的 PCM 子类型，以线性间隔来采集样本。LPCM 是最常见的 PCM 形式，这就是为什么这两个术语此时几乎可以互换的原因。

2）音频文件格式 WAV

WAV 代表波形音频文件格式（有时也称为 Windows 音频）。这是 Microsoft 和 IBM 于 1991 年制定的标准。很多人认为所有 WAV 文件都是未压缩的音频文件，但事实并非如此。WAV 是用于不同音频格式的 Windows 容器，这意味着 WAV 文件可能包含压缩音频，但实际中很少使用。

大多数 WAV 文件都包含 PCM 格式的未压缩音频。WAV 文件只是 PCM 编码的包装器，使其更适合在 Windows 系统上使用。但是，Mac 系统通常也可以毫无问题地打开 WAV 文件。

3）音频文件格式 AIFF

AIFF 代表音频交换文件格式。与 Microsoft 和 IBM 为 Windows 开发 WAV 格式类似，AIFF 是 Apple 于 1988 年为 Mac 系统开发的一种音频文件格式。

与 WAV 文件类似，AIFF 文件可以包含多种音频格式。例如，GarageBand 和 Logic Audio 使用了一个名为 AIFF-C 的压缩版本和另一个名为 Apple Loops 的版本，它们都使用相同的 AIFF 扩展名。大多数 AIFF 文件包含 PCM 格式的未压缩音频。AIFF 文件只是 PCM 编码的包装器，使其更适合在 Mac 系统上使用。但是，Windows 系统通常也可以毫无问题地打开 AIFF 文件。

2. 有损压缩音频格式

有损压缩是指在压缩音频的过程中丢失了部分数据，对音频进行压缩很重要，因为未压缩的音频会占用大量磁盘空间。有损压缩是为了减小文件大小而牺牲音质和音频保真度。如果做得不好，会在音频中听到伪影和其他奇怪的声音。但是当它做得很好时，你将听不到区别。

1)音频文件格式 MP3

MP3 代表 MPEG-1 Audio Layer 3。它于 1993 年发布并迅速流行开来,最终成为世界上最流行的音乐文件音频格式。我们有"MP3 播放器"而不是"OGG 播放器"是有原因的。

MP3 的主要目标有三个。

(1)删除所有存在于人正常听力范围之外的声音数据。

(2)降低不容易听到的声音的质量。

(3)尽可能有效地压缩所有其他音频数据。

几乎所有具有音频播放功能的数字设备都可以读取和播放 MP3 文件,无论是 PC、Mac、Android 系统、iPhone、智能电视还是其他设备。当需要通用格式时,MP3 永远不会让人失望,这就是为什么它是世界上最受欢迎的音频文件格式之一的原因。

2)音频文件格式 AAC

AAC 代表高级音频编码。它于 1997 年作为 MP3 的继任者而开发,虽然它确实作为一种流行的音频格式而流行起来,但它从未真正超过 MP3 成为最受欢迎的格式。AAC 使用的压缩算法比 MP3 更先进和技术性更高,因此当比较 MP3 和 AAC 格式的相同录音以及相同的比特率时,AAC 的音质通常会更好。尽管 MP3 更像是一种家庭格式,但今天 AAC 仍然被广泛使用。事实上,它是 YouTube、Android、iOS、iTunes、任天堂便携式电脑和 PlayStation 使用的标准音频压缩格式。

3)音频文件格式 OGG

OGG 是一个多媒体容器,可以保存各种压缩格式,但最常用于保存 Vorbis 文件,因此这些音频文件被称为 Ogg Vorbis 文件。Vorbis 于 2000 年首次发布并越来越受欢迎,原因有两个:遵循开源软件原则,并且它的性能明显优于大多数其他有损压缩格式(这意味着它可以在同等音频质量的情况下生成更小的文件)。但在 MP3 和 AAC 拥有强大的市场占有率下,OGG 格式很难进入聚光灯下,没有多少设备支持。但随着时间的推移它会变得越来越好。目前,它主要由开源软件的忠实支持者使用。

4)音频文件格式 WMA(有损)

WMA 代表 Windows 媒体音频。它于 1999 年首次发布,此后经历了多次演变,但保持了相同的名称和扩展名。它是由 Microsoft 创建的专有格式。与 AAC 和 OGG 不同,WMA 旨在解决 MP3 压缩方法中的一些缺陷。事实证明,WMA 的压缩方法与 AAC 和 OGG 非常相似。所以就压缩质量而言,WMA 实际上是比 MP3 更好的音频文件类型。

但由于 WMA 是专有的,因此支持它的设备和平台并不多。与 AAC 或 OGG 相比,它也没有提供任何真正的好处,因此当 MP3 不适合时,使用 AAC 或 OGG 更为实用。

3. 无损压缩音频格式

与有损压缩不同,无损压缩是一种减少音频文件大小的方法,但不会丢失源音频文件和压缩音频文件中的任何数据。缺点是无损压缩音频文件大小比有损压缩音频文件大，相同的源文件最多大 2～5 倍。

1）音频文件格式 FLAC

FLAC 代表免费无损音频编解码器。自 2001 年推出以来，它已迅速成为最受欢迎的无损格式之一。FLAC 可以将原始文件压缩多达 60% 而不会丢失任何数据。FLAC 是一种开源且免版税的音频文件格式，因此它没有任何知识产权限制。

FLAC 受大多数应用和设备的支持，并且是 MP3 格式的主要替代品。有了它，你可以一半的文件大小获得完整质量的原始未压缩音频。这就是为什么许多人将 FLAC 视为最佳音频格式的原因。

2) 音频文件格式 ALAC

ALAC 代表 Apple 无损音频编解码器。它于 2004 年作为专有格式开发和推出，最终在 2011 年成为开源和免版税格式。ALAC 有时被称为 Apple Lossless。虽然 ALAC 很好，但在压缩率方面略低于 FLAC。但是，Apple 用户实际上并没有在两者之间做出选择，因为 iTunes 和 iOS 都提供对 ALAC 的原声支持，而根本不支持 FLAC。

3) 音频文件格式 WMA（无损）

WMA 代表 Windows 媒体音频。与 FLAC 和 ALAC 相比，WMA Lossless 在压缩效率方面是最差的，其最大问题是硬件支持有限。如果想在多个设备和平台上播放无损压缩音频，建议使用 FLAC。

子任务 3.2.2　音频内容的分类

音频内容种类繁多，包括情感、脱口秀等，图 3-4 所示为蜻蜓 FM 的部分频道截图，内容涵盖了生活的方方面面。

这些音频内容通常较短，可以单独成段，也可以做成系列栏目。下面介绍常见的 6 种短音频内容。

1. 有声读物

有声读物指通过声音表演者、专业录音制作人员把图书的文字内容录制成音频，便于用户通过听觉就达到阅读的目的。据相关数据显示，2022 年中国有声读物的用户数达到了 6.5 亿，市场规模高达 95 亿。由此可见，有声读物市场庞大，是目前较为常见的音频内容之一。有声读物之所以深受大众喜爱，与图 3-5 所示的原因密不可分。

图 3-4　蜻蜓 FM 的部分频道截图

图 3-5　有声读物受欢迎的原因

（1）时间灵活：有声读物可以随时随地收听，不受时间和地点的限制，人们在通勤、工作、学习、旅行等时间内都可以收听。

（2）内容丰富：有声读物涵盖了各种类型的书籍，包括文学作品、传记类、科普类、自我提升类、儿童类等，满足了不同读者的阅读需求。

（3）兼具娱乐性和互动性：有声读物通常配备了音效、背景音乐等元素，使听众能够更好地沉浸在故事情节中，同时有些有声书的朗读者通常是知名演员或主持人，他们的演绎能力和声音魅力也成为了吸引听众的重要因素。

（4）适应人群广：有声读物不仅适合儿童和青少年，也适合成年人，特别是视力受损或阅读困难的人也可以通过有声读物获取信息。

（5）科技的发展：随着人工智能和自然语言处理技术的不断提升，有声书的语音合成技术也越来越成熟，朗读效果也越来越好，这也为有声书的发展提供了更加坚实的技术支持。

为有声读物的上述优势，使其能同时适应不同人群，是人们获取信息和知识的重要方式之一，所以市场庞大。

2. 知识分享类音频

随着生活节奏加快，时间的碎片化，人们更倾向于利用碎片化时间来获取切实可用的知识，掌握一门技能。知识分享类音频具有自身独特的存在价值，其他类型的音频也许会随着时间的推移，在音频市场的更新迭代、内容碰撞中慢慢变得无人问津，但能给用户带来自我增值的音频却是能历久弥新的。

知识分享类音频能让用户在轻松之余，还能学到有价值的知识或技巧，如健身技巧分享、常识科普等。例如，在得到 App 中某分享思维知识的音频课程，吸引了 12.96 万人加入，如图 3-6 所示。

图 3-6　得到 App 中某分享思维知识的音频课程

3. 娱乐类音频

一些带有娱乐性质的音频内容，在一定程度上能缓解用户的压力，也能吸引很多用户关注。例如，喜马拉雅的"段子来了"音频，就是典型的娱乐类音频内容，其播放量高达117.9 亿次，如图 3-7 所示。

图 3-7　喜马拉雅 App "段子来了"账号页面

4. 脱口秀类音频

脱口秀，原指一种由观众聚集在一起讨论由主持人提出的话题的广播或电视节目。在音频中，可以由一个人出声，为观众做出某个事件的点评、解说、吐槽等，或是针对某个物品进行讲解、科普等。例如，喜马拉雅平台的"每天听见吴晓波·第六季"作为一档热门脱口秀类节目，由主播吴晓波为大家提供财经知识、企业管理、财富增长、职场进阶、人文见识等，获得500多万的播放量，如图3-8所示。

图 3-8　喜马拉雅 App "每天听见吴晓波·第六季"账号页面

5. 情感类音频

情感能够触达人心，正能量的情感常能激励人们奋发向上，并鼓舞处于巨大生存压力下的人们持续前进。贴近生活的情感，则具有很强的代入感，能迅速唤起听众的共鸣。因此，情感类音频也很受欢迎。以喜马拉雅平台为例，其"情感生活"分类下的多条音频播放量超过1亿次，如图3-9所示。

图 3-9　喜马拉雅 App 中"情感生活"分类页面

6. 儿童类音频

儿童类音频一般是指针对儿童制作的音乐、儿歌、故事、科普知识等。随着社会经济的发展和人们生活水平的提高，儿童教育市场日益受到重视。儿童类音频作为儿童教育市场的重要组成部分，其市场需求在不断增长。儿童类音频内容涵盖了多个领域，包括儿歌、故事、科普知识等。这些多元化的内容不仅满足了儿童的不同需求，也增加了儿童类音频的趣味性和教育性。也正因如此，儿童类音频也很受欢迎。喜马拉雅平台的《安全警长啦咘啦哆·防骗篇》的播放量已超过 1.3 亿次，如图 3-10 所示。

图 3-10　《安全警长啦咘啦哆·防骗篇》的播放量

儿童类音频内容通常具有如图 3-11 所示的特点。

图 3-11　儿童类音频的特点

（1）简单易懂：儿童类音频内容一般较为简单易懂，适合儿童的年龄和理解能力。

（2）趣味性强：儿童类音频内容通常具有较强的趣味性，能够吸引儿童的兴趣和注意力。

（3）德育启蒙：儿童类音频的内容也常常传递一些道德观念和科学知识，帮助儿童树立正确的价值观和世界观。

（4）语言简练：儿童类音频的语言一般较为简练，易于儿童理解和记忆。

（5）音乐性强：儿童类音频一般具有较强的音乐性，易于让儿童跟唱和模仿。

总之，儿童类音频内容旨在为儿童提供娱乐和教育相结合的体验，以帮助他们健康成长。

子任务 3.2.3 有声读物及其种类

有声读物是一种通过音频方式将书籍或文章呈现给读者的媒介，也就是"有声音的书"。可以通过音频方式将文学作品类、传记类、科普类、自我提升类、儿童类等多种类型的书籍呈现给读者，满足不同读者的阅读需求。有声读物的分类如图 3-12 所示。

图 3-12　有声读物的分类

（1）文学作品类：包括小说、诗歌、散文、戏剧等文学作品。

（2）传记类：讲述名人的生平和事迹，包括政治人物、文化名人、科学家、企业家等。

（3）科普类：讲解科学、技术、文化、历史等领域的知识。

（4）自我提升类：包括心理学、管理学、职业技能等方面的内容。

（5）儿童类：适合儿童听众的有声书，包括童话、寓言、儿歌等。

除此之外，有声读物还包括一些特殊类型，如玄幻、武侠、都市、言情、悬疑、历史、相声、评书等。这些类型的音频书籍往往具有特定的用户群体，可以满足不同读者的阅读需求。

子任务 3.2.4 有声读物的选题策划

想要做好有声读物音频，应先做好选题策划。有声读物的选题策划需要从多方面考虑，如图 3-13 所示。

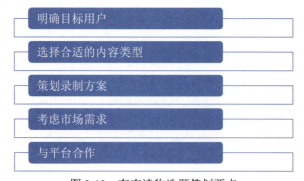

图 3-13　有声读物选题策划要点

（1）明确目标用户：有声读物的选题策划需要明确目标用户的年龄、性别、职业、兴趣等因素，以确定录制内容和形式。比如，儿童和青少年是有声读物的重要用户群体，策划时需要根据不同年龄段和兴趣爱好来选择合适的读物。

（2）选择合适的内容类型：有声读物的内容类型多种多样，包括小说、传记、科普、自我提升、儿童故事等。需要根据目标用户的需求和兴趣来选择合适的内容类型，并选取相应的经典作品或热门书籍进行录制。

（3）策划录制方案：根据选择的内容类型和目标用户，策划相应的录制方案，包括录制时间、录制方式、录制内容、音效配乐等。比如，针对儿童和青少年用户，可以选择寓教于乐的方式，注重音效和互动环节，增加趣味性。

（4）考虑市场需求：有声读物市场日益繁荣，但也存在着激烈的市场竞争。在选题策划时，需要充分考虑市场需求和竞争状况，选取受市场欢迎的有声读物类型和题材，同时注重创新和差异化。

（5）与平台合作：有声读物需要借助专业的平台进行发布和推广，在选题策划时需要考虑与相关平台的合作。例如，喜马拉雅作为一个热门音频平台，其用户量较为可观，流量也会更好，如果与该平台合作，则可以扩大有声读物的用户范围，提高知名度和影响力。

有声读物的选题策划需要全面考虑上述因素，注重创新和质量，以打造出受市场欢迎的有声读物。

任务 3.3　音频内容的创作

不同种类的音频内容创作有不同的侧重点，例如知识分享类音频和娱乐类音频的侧重点就有所不同。如果想创作出优质的音频作品，必须掌握音频内容创作的技巧。

子任务 3.3.1　有声读物的出版流程

有声读物市场虽然火热，但进入也有一定的门槛。首先，从法律角度来看，对于任何一种作品，包括文字、音乐、美术、摄影等，都享有著作权，任何未经著作权人授权的复制、发行、展览、表演或者放映等行为，都构成侵权。因此，创作对于有声读物需要遵守著作权法的规定，任何未经授权的复制、发行等行为都是侵权行为。其次，从商业角度来看，有声读物是一种商业化运营的产品，需要付出制作、发行等成本，并期望获得一定的经济利益。如果没有版权保护，任何人都可以随意复制、发行有声读物，这将严重损害版权人的利益，也会破坏市场秩序，导致有声读物市场混乱。因此，有声读物同样需要版权保护，以保障版权人的合法权益。最后，从文化角度来看，有声读物是一种文化传播方式，可以让更多的人感受到书籍的魅力，促进人们的阅读兴趣和阅读能力的提升。如果没有版权保护，那么有声读物市场的混乱将导致优秀作品的流失，文化创作的积极性也将被抑制。因此，有声读物同样需要版权保护，以促进文化创作的繁荣发展。

综上所述，有声读物需有版权保护，需要完成出版流程才可在各个平台分享、发布。有声读物出版流程如图 3-14 所示。

图 3-14　有声读物出版流程

（1）制订出版计划：确定有声读物的主题、目标受众、录制时间、预算等。

（2）选择合适的录制人员：选择合适的有声读物录制人员，包括配音员、导演、音频制作人员等。

（3）准备录制素材：准备录制需要的文本、图片、音频等素材。

（4）开始录制：按照录制计划，进行录制工作。

（5）后期制作：将录制的素材进行剪辑、音效添加等后期处理，制作成完整的有声读物。

（6）发布出版：将制作好的有声读物通过各大音频平台、出版社等渠道发布出版。

需要注意的是，在录制有声读物之前，需要获得版权方的授权，确保不侵犯他人的知识产权。此外，有声读物的制作需要具备一定的技术能力和艺术感，以确保声音清晰、音效优美。

子任务 3.3.2　不同音频内容的制作要点

这里介绍知识分享类音频、娱乐类音频、脱口秀类音频、情感类音频及儿童类音频的制作要点。

1. 知识分享类音频

知识分享类音频偏向于口语化，内容通俗易懂，让人能在短时间内收获一定的知识。例如，荔枝 FM 平台上某知识分享类博主，其内容以分享冷知识为主，如图 3-15 所示。

从该博主的音频内容来看，其时长较短，基本在 2 分钟之内，多以开放式的问题作为标题。实际上，在制作知

图 3-15　某知识分享类博主主页

识分享类音频时,确实需要控制时长,使人们在较短时间内就能够收获知识。除此之外,还需注意以下要点。

(1) 做定位:做好节目定位,包括人群定位、内容定位等。如作为一个分享护肤技巧的音频博主,其内容应该更多地针对年轻女性,在制作内容时也要优先考虑女性是否感兴趣。

(2) 找内容:优质的内容是吸引用户的关键,确定好人群和内容后,需要去各个渠道获取更加优质的内容,如科普类的内容可参考果壳网。

(3) 策划标题:好标题是引起关注的关键因素,知识分享类音频标题尽量以开放式的问题作为标题,如"二月龄宝宝哭闹不止,你知道是什么原因吗?"

(4) 策划内容:知识分享类音频的内容在于分享知识,故应该先提出问题,再给出解决方案,使人们有所收获。

(5) 录制要点:在录制知识分享类音频时,要注意声音的抑扬顿挫,防止用户听着昏昏欲睡,失去听下去的兴趣。

2. 娱乐类音频

娱乐类音频想要吸引人们的关注,应该从封面特点、标题特点及内容特点三方面入手。

(1) 封面特点:娱乐类的音频封面设计要足够醒目,且要突出个性,能快速吸引用户的注意力。在设计这类封面时,可选用亮黄色、大红色等显眼底色。

(2) 标题特点:娱乐类音频标题可以偏口语化,朗朗上口。例如,"段子来了"部分标题为"自古逢秋悲寂寥,喝完奶茶贴秋膘""暑期生存状态:家可以常回,但不能久待"。

(3) 内容特点:娱乐类内容可以围绕近期热点、生活常识或是网友投稿等内容来展开。这些内容既接近生活又充满趣味,更能吸引用户的注意力。

作为一档热门娱乐类音频节目,喜马拉雅平台的"段子来了"的封面、标题及内容具有很好的借鉴意义。如图3-16所示,"段子来了"在9月瑞幸咖啡与贵州茅台发布新品"酱香拿铁"时,就出了一期与该热点相关的音频内容"酱香拿铁来一杯,去冰去奶去咖啡"。该音频的封面将酱香拿铁融入其中,让人一看就知道大概内容;标题不仅紧跟热点,更是充满趣味性;其内容也丰富多彩,该音频内容获得了170多万次播放量。

同时,娱乐类音频可设置与"娱乐"相关的标签,增加内容的曝光量。在选择背景音乐时,以轻快、有趣的音乐为主。

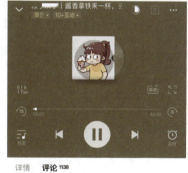

图3-16 娱乐类音频的封面及标题示例

3. 脱口秀类音频

选择脱口秀形式，人设、账号定位要清晰明确，这样才有利于打造个人IP。同时，脱口秀形式可以为用户提供不同价值的内容，通过这些价值来吸引用户，让用户内心有一个强烈的认知，这对于后期变现十分有利。

以知名脱口秀账号"每天听见吴晓波"为例，其开场口号、背景音乐、内容结构都具有借鉴意义。

（1）开场口号：该账号的开场口号为"每天听见吴晓波，大家好，我是吴晓波"，为音频打赏个人标签，有利于听众识别账号的音频。

（2）背景音乐：该账号统一选用紧凑的音乐开场直至讲完开场口号，先增强听众的记忆；再播放1分钟左右的音乐，带动听众情绪。

（3）内容结构：该账号之所以能深受用户喜欢，离不开其有深度的内容。该账号的内容结构如图3-17所示，使原本枯燥的内容变得有趣起来。

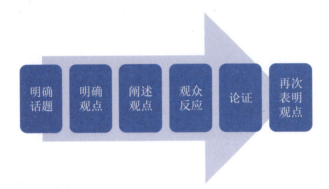

图3-17 "每天听见吴晓波"内容结构

在制作脱口秀类音频时，着重关注以上三点即可。

4. 情感类音频

情感类音频时长一般在20分钟内，整体语速较慢，能够给人们带来或温暖、或悲伤、或真实的感觉。喜马拉雅平台上某个名为《两个人，一些事》的情感音频，播放量达到数亿次，如图3-18所示。

图3-18 《两个人，一些事》的节目主页

该节目之所以火爆，离不开其内容策划。"两个人，一些事"所选的内容以平凡小故事为主，所选的背景音乐也以轻缓纯音乐为主，以营造轻松温馨的氛围，让听众放松身心聆听。从该账号可以得到，在制作情感类音频时应注意以下几点。

（1）理解情感状态：制作情感类音频时，需要深入理解人物的性格和情感变化，以更好地把握他们的情感状态，从而做出准确的配音。

（2）运用声音技巧：不同的情感可以用不同的声音来表达。例如，愤怒可以通过高音量、急促的语速和强烈的语调来表达；悲伤可以通过低沉的音调和缓慢的语速来表达。

（3）注重细节表达：除了基本的声音技巧外，情感配音还需要注重细节的表达。例如，人物的喘息声、哭泣声、笑声等都可以用来表达情感。

总之，情感类音频制作需要充分理解人物情感，运用恰当的声音技巧来表达情感，注重细节表达。

5. 儿童类音频

儿童类音频制作需要充分考虑儿童的认知和情感特点，注重内容的健康、积极和向上，同时需要选择恰当的制作技术和方法，为儿童提供优质的音频内容。故儿童类音频制作要点包括以下几个方面。

（1）确定目标受众：在制作儿童类音频之前，需要明确目标受众，包括儿童的年龄、性别、兴趣爱好等特征，以便有针对性地制作适合儿童的音频内容。

（2）选择恰当的主题和内容：儿童类音频的主题和内容应该简单易懂、具有趣味性和教育意义。同时，还需要注重内容的健康、积极和向上，避免涉及暴力和色情等内容。

（3）创作适合儿童的音乐和故事：儿童类音频需要注重音乐和故事的创作。音乐方面需要注重节奏明快、旋律优美、易于记忆和跟唱。故事方面需要注重情节简单、生动有趣、有教育意义。

（4）音频制作技术要求：儿童类音频制作需要使用专业的音频设备和技术。在制作过程中，需要注意音质清晰、音效丰富、音量平衡等方面，以使儿童类音频具有更好的听感。

（5）后期制作和审核：儿童类音频的后期制作包括剪辑、混音和特效加工等环节。在后期制作过程中，需要注意保护儿童的听力，避免过度刺激儿童的感官。同时，还需要对完成的音频进行审核，确保音频的质量符合相关法规要求。

子任务 3.3.3　付费音频稿的创作

付费音频稿是指制作方或平台将音频内容制作成可供出售的稿件。这些音频稿件通常包括书籍、课程、演讲、故事等。购买者可以将其下载或在线收听，以满足自身在学习、娱乐、工作等方面的需求。相较于其他类型音频稿，付费音频稿可以更快变现，例如"得到"App上的某心理学课程付费音频稿，以课程形式发布，共计30讲，需要支付100多"得到币"购买，如图3-19所示。

对该音频感兴趣的用户，需要支付相关费用进行收听。而且，付费音频稿与传统出版物不同，付费音频稿不需要印刷和发行等环节，因此可以更快地到达用户手中。同时，由于不需要纸张和油墨等材料，付费音频稿也更加环保。

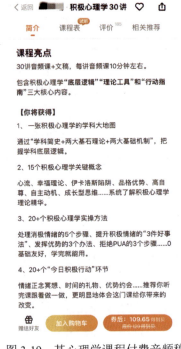

图 3-19　某心理学课程付费音频稿

付费音频稿主要包括讲书稿、拆书稿和原创稿三种类型，不同稿件在创作时，其要点也有所不同。

1. 讲书稿的创作方法

讲书稿是一篇能用语言把一本书完整讲出来的作品，通常由选书、阅读（略读、精读）、初稿、修改这 4 个步骤组成。因其是给平台制作的音频产品，因此需要具备产品思维。讲书稿的框架一般由开篇、破题、引题、作者介绍、重点内容解读、归纳总结、结尾这几个部分组成，其中最能体现作者水平的部分是破题和重点内容解读部分。

写讲书稿需要掌握书中的重点内容，根据逻辑关系运用简洁、明了的话语复述出来，并根据该书的阅读群体就大众关心的问题进行解读，以引起读者的共鸣。

2. 拆书稿的创作方法

拆书稿是一种文体，是将书中的精华内容提炼出来，加上自己的感悟，并与实际生活中遇到的问题结合起来所写成的一篇符合原书内容的文章。

拆书稿可以帮助读者在短时间内领会到一本书的精华部分，从而快速阅读完这本书。拆书稿和听书稿既有相似之处，也有很大的不同，建议新手创作者从这两种类型的读书产品入手。

3. 原创稿的创作方法

相较于讲书稿和拆书稿，原创稿音频的创作难度更大，但只要内容好，也容易吸引听众。原创稿需要有自己的主题，并运用自己的知识、见解去拓展主题。例如，一个以讲职场知识为例的音频账号，其主要内容围绕职场展开，如"如何高情商婉拒同事要求""如何提升文案创作能力"等。

无论是哪种稿件，最终都要以音频的方式呈现给用户，也正因为其变现更快，对创作者的要求也更高。需要创作者积累更多专业知识，并能灵活传递知识。

课堂实训　录制有声书的步骤

观看视频

在录制有声书之前，需要做一些准备工作，要求如下。

（1）购买合适的麦克风：选择一款能够清晰捕捉声音的麦克风，这是录制优质有声小说的关键。USB 麦克风通常是较为便捷的选择。

（2）创建专业的录音环境：选择一个安静且没有回声的房间进行录音。使用吸音材料，如海绵或隔音板，来改善音频质量。

（3）给角色设定独特的声音：为每个角色创造出独特的声音和语调，以区分他们之间的对话。

（4）练习读稿子：在正式录制前，通过几次练习来熟悉故事的节奏和语言，这有助于提高口语流畅度和表现力。

（5）录制干净的音频：确保录制时没有噪声干扰，避免咳嗽或其他不必要的声音。如果发生错误，暂停并重新开始录制。

这里以在喜马拉雅平台录制有声书为例，具体步骤如下。

步骤 1：手机端登录"喜马拉雅"App，进入"我的"页面，点击"创作中心"按钮，如图 3-20 所示。

图 3-20　点击"创作中心"按钮

步骤 2：进入"创作中心"页面，点击"热门话题"下的"有声图书"按钮，选择话题并点击话题后面的"投稿"按钮，如图 3-21 所示。

步骤 3：进入"录音"页面，点击"话筒"按钮，如图 3-22 所示。

图 3-21　点击"投稿"按钮

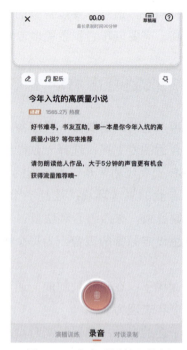

图 3-22　点击"话筒"按钮

步骤 4：进入"录音"页面，点击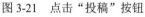按钮，开始录制音频，如图 3-23 所示。

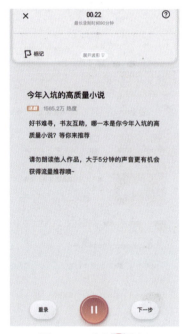

图 3-23　点击 按钮

步骤 5：若对录制的声音不满意，可点击"重录"按钮重新录制；若满意，点击"下一步"按钮，如图 3-24 所示。

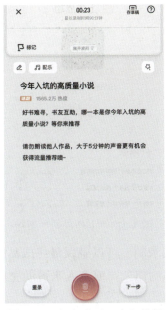

图 3-24　点击"下一步"按钮

步骤 6：进入新页面，可对音频进行剪辑美化或发布，这里以发布为例，点击"立即发布"按钮，如图 3-25 所示。

步骤 7：进入"发布声音"页面，填写标题，选择声音类型、分类等内容，点击"发布"按钮，如图 3-26 所示。

图 3-25　点击"立即发布"按钮

图 3-26　点击"发布"按钮

步骤 8：进入新页面，即可看到"上传成功"提示，如图 3-27 所示。

图 3-27 "上传成功"页面

按照以上步骤进行有声书的录制，可以确保最终成品的质量和效果。如果需要更专业的指导，建议寻求专业的有声书制作公司或个人来协助完成。

课后作业

1. 分析三个热门音频平台火热的原因。
2. 简述知识分享类音频制作要点。
3. 在喜马拉雅平台上制作并上传一条时长 1 分钟左右的音频内容。

项目 4 新媒体短视频创作

学习目标

- 掌握新媒体短视频的特点和价值。
- 掌握短视频定位知识及创建账号实操。
- 掌握短视频的内容构成、内容类型及内容策划要点。
- 掌握短视频拍摄要点、构图技法、运镜技法。
- 掌握短视频制作常用软件的实操。
- 掌握短视频发布的实操。

新媒体短视频因为其强大的社交性、用户参与度高、信息传达直接、用户基数大、简单易用、专业团队运营以及推广渠道广泛等多方面的优势，逐渐成为一种主流的营销方式，被广泛应用于各个领域。本项目从新媒体短视频的特点、价值等内容出发，详细讲解了短视频中账号定位、内容策划、拍摄要点、制作要点及发布要点等内容，旨在帮助大家掌握新媒体短视频运营的知识与实操。

任务 4.1　认识新媒体短视频

新媒体短视频是指在新媒体平台上播放的、时长较短的视频内容。它通常以互联网为传播渠道,以手机、平板电脑、智能电视等为观看设备。新媒体短视频的兴起源于人们对快节奏、碎片化生活的需求,以及移动互联网的普及和带宽的提升。它能够满足人们在短时间内获取信息和娱乐的需求,因此在年轻人中广受欢迎。下面详细介绍新媒体短视频的特点和价值。

子任务 4.1.1　短视频的特点

与传统的视频相比,短视频除了时间短,还具有以下5个方面的特点,如图4-1所示。

图 4-1　短视频的特点

(1)精炼简洁:短视频的长度较短,需要在有限的时间内传达信息,因此往往剔除了多余内容,让视频更加精炼简洁。这种特点使短视频更适合于用户快速浏览和消化。

(2)快节奏:由于短视频时间有限,往往采用快节奏的编辑和剪辑手法,以保持视频的紧凑和吸引力。快速的画面切换、动感的音乐和特效都可以加强短视频的趣味性和吸引力。

(3)视觉冲击力强:为了在有限的时间内吸引用户的注意力,短视频通常注重画面的冲击力和视觉效果。通过使用色彩丰富、饱和度高的图像,大胆的视觉表现等手法,提升视频的视觉冲击力。

(4)用户参与度高:短视频平台通常会提供评论、点赞、分享等社交功能,使用户能够参与到视频内容中来,与其他用户进行互动。这种社交互动的特点使短视频更具吸引力和黏性。

(5)创意和创新:由于短视频的形式和时长有限,创作者通常需要用更有创新和有趣的方式来表达和展示内容。短视频的创作灵活度较高,可以采用各种独特的拍摄、剪辑、特效等手法，以提供新颖、富有创意的视觉体验。

总的来说，短视频的上述特点，能够迅速吸引用户的注意力并提供丰富多样的内容。它的便捷性和社交互动功能也使得用户能够更加轻松地创作和分享自己的作品，已成为人们日常娱乐和获取信息的重要方式之一。

子任务 4.1.2　短视频的价值

在流量为王的时代，短视频拥有了其他领域无可比拟的流量优势，其价值也逐渐突显出来，为人们所重视。如今，越来越多的人选择用短视频植入硬性广告、软性广告或原创广告来推广产品，并取得了显著的效果。通过一系列数据分析和统计，短视频的商业价值主要体现在 6 个方面，如图 4-2 所示。

图 4-2　短视频的商业价值

短视频的商业价值可以在以下几个方面得到体现。

1. 广告变现

短视频平台可以通过导入广告进行变现，根据用户的兴趣和需求进行精准投放，提高广告的效果和转化率。同时，短视频平台也可以与品牌方进行合作，为其提供短视频广告制作和传播服务。

2. 自主创作变现

短视频平台为用户提供了一个自主创作的平台，用户可以通过发布优质短视频获得粉丝和流量，进而通过粉丝经济、电商推广等方式进行变现。

3. 电商转化

短视频平台可以与电商平台合作，通过直播带货、植入商品链接等方式将短视频中的商品进行转化，提升销售额。

4. 影响力变现

一些短视频创作者通过积累大量粉丝，扩大社交影响力，将自己打造成品牌或者网红，从而获得代言、演出、主持等商业合作机会。

5. 数据变现

短视频平台可以通过用户行为数据的分析和挖掘，提供给企业和广告主精准的用户画像和推荐服务，帮助企业进行精准广告投放和市场推广。

6. 社群变现

短视频平台可以构建社群机制，让用户之间产生互动，通过社群运营提升用户活跃度和用户留存率，进而为企业提供社群营销和社群运营服务。

总结起来，短视频的商业价值主要通过广告收入、品牌推广、电商销售增长、粉丝变现、社群变现等方面得到体现。短视频平台为广告商提供了曝光和品牌推广机会，为品牌方提供了直接接触消费者的平台，为电商提供了购买转化的渠道，同时也为娱乐产业带来了新的发展机遇。

任务 4.2　打造短视频账号

俗话说"工欲善其事，必先利其器"，在开始短视频创作运营之前，需要先打造短视频账号。有着鲜明特点的账号，能直接告知目标用户自己能为其带来何种价值，从而吸引他们的关注，为后期变现做准备。

子任务 4.2.1　短视频账号定位

短视频的账号定位，可以将其理解为个人短视频内容的专一呈现方向。例如，某定位萌宠的账号，其抖音首页如图 4-3 所示。从首页的账号昵称、简介及作品封面可以清楚地看出，该账号是一个萌宠展示号，作品内容则主要以记录萌宠"金毛"为主，作品展现出"金毛"可爱淘气的一面，截至目前已吸引了 800 多万粉丝关注。

通过该案例，可以大致看出"账号定位"实际上就是要规划好这个账号能持续产出什么内容，以及该账号能为用户提供什么价值，也便于系统给账号打标签、做分类，如美食类、萌宠类、文教类、游戏类等。

如何找到个人定位呢？首先，要思考自己有什么亮点，再将亮点与商品相结合，持续性产出能吸引目标用户的内容。例如，某定位情感类的账号，就是由一个情感电台主持人经营的账号，由于自身对两性情感、家庭婚姻等话题的深度理解，所以创建了一个情感类账号。

图 4-3　某萌宠账号首页

从账号定位上看,该账号需要吸引对于人际沟通、两性沟通有兴趣的人群,所以生产的内容也以情感知识、人际表达沟通技巧为主,可精准地吸引目标用户。在吸引用户后,就可以售卖一些关于情感、两性方面的知识课程或书籍,实现变现。

账号定位是短视频运营的关键,想获得变现,必须先找到合适的账号定位,并根据定位产出相关联的内容,才能吸引更多用户。短视频账号的定位可大致分为4步,如图4-4所示。

图 4-4　短视频账号定位操作步骤

1. 身份角色定位

通过这一步骤,进行账号身份角色定位,包括"自己是谁?要吸引谁?如何吸引?"等3个问题。以上问题的答案,可以通过账号名字、头像、签名、背景图等基础设置来体现,让用户对账号有个大概的认知。

一个账号的身份角色定位,一般是从账号取名开始的,通过设置一个符合身份角色的名字,让用户从账号名字就可以大致猜想到账号的内容。

例如,某抖音账号名为"秋叶Excel",从账号名字可以看出,该账号的身份角度定位可能是一位在Excel方面有所成就的人,其内容也主要是上班族们所关心的技能,如职场办公技能、职场情感等。

再如,某抖音账号为"大帅评测",从账号名字可以看出,该账号的身份角色定位是评测,其内容主要是给大家测评、推荐物品,吸引喜欢购买小物件的用户的关注。

由此可见,账号名字是身份角色定位中的重要因素,运营者需设置一个符合账号身份角色定位的名字,便于用户通过账号名字联想账号定位。在设置名字时,除了要符合角色定位外,还要利于搜索和记忆,尽量不使用生僻字,也不要过于简单,容易与其他账号混淆。

2. 性格风格定位

作品画面中出现的人物或动物,所呈现出的性格特点也是吸引粉丝的一大关键。这与运营者所设定的身份角色定位和所生产的内容有着密切关系。例如,常在镜头中出现的某情感老师,通过肢体语言、对话旁白等信息,树立了一个成熟、稳重、可靠的形象,让粉丝愿意对其吐露心声,进而产生关注、点赞账号等行为。

3. 内容类别定位

各类账号所产出的内容有别，如知识分享类、科普测评类、剧情段子类、垂直才艺类等。运营者须根据自我特点和商品特点，定位自己的内容类别，并保证在一段时间内产出同一个类别的内容，以此形成统一的内容，吸引用户关注账号。

4. 表现形式定位

短视频的表现形式多种多样，如自拍形式、讲述形式、讲解形式、对话形式、采访形式等。运营者需综合身份角色定位、性格风格定位及内容类别定位等信息，来决定今后的作品以哪种表现形式为主，还是各种表现形式进行轮换。例如，某些账号会在运营过程中，在一段时间内采用自述形式，在另一段时间采用对话形式，并对比两种表现形式的作品点赞量、评论量等内容，来找到互动效果更好的表现形式。

以上步骤是账号定位的操作步骤，缺一不可。当运营者无从下手时，可以进行模仿和改良。找到并关注同行热门账号，参考他们的名字、头像、个性签名、背景图等内容，进行模仿；同时，还要分析这些账号作品的风格、内容、表现形式等，找到人气高且制作成本低的内容，进行模仿和改良，做出属于自己的爆款作品。

子任务 4.2.2　创建短视频账号

创建短视频账号非常简单，一般只需要绑定手机号注册即可。这里以创建抖音账号为例，只需要输入手机号，在手机上获取短信验证码，并将验证码输入注册界面相应的文本框中即可完成注册。

打开手机里的"抖音"App，输入手机号，点击"获取短信验证码"按钮，如图 4-5 所示。页面自动跳转输入验证码页面，提取系统发来的验证码信息并输入，即可自动登录账号，如图 4-6 所示。

图 4-5　输入手机号页面　　　　图 4-6　输入验证码页面

在登录抖音账号时，可以看到提示"未注册的手机号验证通过后将自动注册"，由此可见，无论是新用户还是老用户，都可以用上述方法登录账号。

值得注意的是，一个手机号只能注册一个抖音账号，建议大家用自己常用的手机号来注册。在注册账号后,最好绑定 QQ、微博、今日头条等平台账号,这样有利于联系上之前的好友,获得第一批关注。

任务 4.3　短视频的内容策划

短视频内容策划的重要性在于提高视频质量、增强传播效果、实现营销目标、提升品牌形象和满足用户需求。通过精心策划的短视频内容,可以吸引用户的注意力、引发情感共鸣,从而实现更好的传播效果和营销目标。下面逐一讲解短视频的内容构成、内容类型及内容策划要点。

子任务 4.3.1　短视频的内容构成

虽然短视频的制作门槛低,内容也较为简单,但一条完整的短视频通常包含图像、字幕、声音、特效、描述、评论等众多元素,如图 4-7 所示。

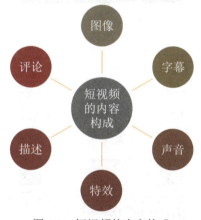

图 4-7　短视频的内容构成

1. 图像

短视频通常通过图像来传达信息和故事情节。使用高质量的图像素材能够吸引用户的注意力和提升观看体验。例如,产品的独特外观、包装设计或者使用场景的展示,都可以通过图像展示出来。总之,一个优质的图像应该具有观赏性强、层次感明显和专业度高的特点,能够引起观众的兴趣并给观众带来良好的视觉体验。

例如,某旅游类短视频作品中,展示的都是极具观赏性的风景画面,引发数万用户点赞,如图 4-8 所示。

图 4-8　极具观赏性画面的视频截图示例

2. 字幕

字幕在短视频中起到补充和解释的作用。通过添加字幕，可以更好地传达产品或品牌的信息。字幕可以用于解释产品的功能、传递营销口号或品牌理念，帮助用户更好地理解内容。例如，某条美食短视频中，菜品的关键烹饪步骤使用了字幕显示，让用户在观看视频时能更好地掌握这道菜的烹饪方法。该条视频其获得 80 多万个用户点赞，如图 4-9 所示。

图 4-9　用字幕显示菜品的烹饪步骤

3. 声音

声音在短视频中扮演着重要的角色，可以是背景音乐、对话对白、音效等。背景音乐、解说员的声音或产品的声音效果，都能够增加视频的感染力和趣味性。声音的运用可以根据视频内容的需求来选择。合适的音乐可以营造出适合视频氛围的情绪，对话对白可以进一步解释信息和故事，音效则可以增加视频的真实感和冲击力，例如，使用轻快的音乐增强活力感，使用沉稳的声音解说产品的专业性等。视频声音包含了旁白、人物自述、人物对话、背景音乐和特效音乐等，如图 4-10 所示。一个优质的视频应该在这些方面，都能达到清晰、自然、准确，并与画面内容相辅相成的效果，以提供更好的观看体验。

图 4-10　视频声音的组成部分

（1）旁白：旁白是指由一个不出现在画面中的解说员、讲述者或主持人为观众提供文字信息或解说的声音。优质的旁白应该清晰、准确，并能够吸引观众的注意力，帮助观众更好地理解视频的内容。

（2）人物自述：人物自述是指人物以第一人称方式讲述自己的故事、经历或观点等。这种声音可以增强情感表达和亲近感，并且让观众更深入地了解主要人物的想法和感受。优质的人物自述应该真实、自然，并且有感染力。

（3）人物对话：人物对话是指视频中人物之间的交流或对话。这种声音可被用来展现人物之间的关系、推动剧情发展或传达重要信息。优质的人物对话应该清晰、自然，并且表达出人物之间的情感和态度。

（4）背景音乐：背景音乐是指在视频中用来衬托画面氛围、强调情感或传递特定信息的音乐。优质的背景音乐应该与画面内容相匹配，能够增强观众的情感体验，但不会喧宾夺主，不干扰对话和旁白。

（5）特效音乐：特效音乐是指用来增强特定画面效果、强调动作或突出某种氛围的音乐。特效音乐通常与视觉特效配合使用，如爆炸声、战斗音效等。优质的特效音乐可以准确传达画面所要表达的效果，加强观众对画面的感受。

4. 特效

通过使用特效，可以提升视频的视觉吸引力和艺术感。例如，使用动画效果来展示产品的特点或过程、运用滤镜增加视频的色彩和风格等。特效的运用可以让视频更加生动、有趣，吸引用户的关注。例如，某短视频作品中，利用抖音特效道具"AR跳舞蛙"来创作视频，如图 4-11 所示。在抖音里还有很多新奇的特效道具，这些道具可以帮助创作者拍摄出各种有趣的创意视频，如图 4-12 所示。

图 4-11　某短视频作品中使用的特效道具　　图 4-12　抖音官方的部分特效道具

5. 描述

短视频内容组成中的描述是指对视频内容进行详细叙述和解释的部分。它通常位于视频的标题和视频内容之间，用于引起观众的兴趣，同时准确地描述视频内容，帮助观众了解视频的主题和要传达的信息。描述的好坏可以直接影响观众的点击率和观看时长。

在描述视频内容时，以下几个要素是需要重点考虑的。

（1）视频主题：描述应明确表达视频的主题或关键点，将观众的注意力吸引到视频所要讨论的内容上。例如，在描述一段有关旅行的短视频时，可以提及目的地、旅行方式和主要景点等关键信息。

（2）观众受众：应根据视频的受众定位来撰写描述。考虑观众的兴趣、需求和背景，以便根据他们的特点提供相关的视频描述。例如，描述一段有关美妆技巧的短视频时，可以强调适合不同肤质和妆容风格的技巧。

（3）引起兴趣：描述应该能够引起观众的兴趣，让他们有点击观看视频的欲望。可以使用有吸引力的词汇或情节提示来激发观众的好奇心。例如，描述一段悬疑剧情的短视频时，可以使用诸如"不可思议的结局"或"令人难以置信的谜团"等。

（4）简明扼要：描述应简短明了，避免冗长的叙述，以便在有限的字数中确切表达视频的核心内容。观众通常只会花费几秒钟阅读描述，因此需要用简单明了的语言准确概括视频的关键信息。

（5）搜索引擎优化（SEO）：为了提高视频的曝光率和搜索排名，可以在描述中使用与视频内容相关的关键词。这样有助于搜索引擎更好地理解视频的主题，并将其与相关的搜索查询匹配。

总之，短视频内容组成中的描述是一个重要的元素，通过准确、吸引人的描述，可以吸引更多观众点击观看视频，并确保他们对视频内容有准确的理解。

6. 评论

在短视频中添加用户的评论和互动，能够增加用户参与感和社交氛围。例如，在视频的结尾或适当的位置显示一些用户的点赞、评论或分享信息，可以增加其他用户的兴趣和信任度。

对于抖音的短视频创作者而言，可以在视频内容中抛出作品评论方向，引导用户发表评论，增加视频的曝光率与点击率。需要注意的是用户在评论后，创作者一定要记得回复，以增强和用户之间的互动。抖音上某条短视频作品的用户评论和作者评论，如图4-13所示。评论板块是吸取流量，塑造账号个性的最佳平台，打造评论板块是抖音运营的重要环节。创作者应该浏览大量的视频评论，总结出适合自己视频内容的引评方式，并且在运营中不断实践。

图4-13　短视频作品中的用户评论和作者评论示例

例如，一家餐饮品牌通过制作一段短视频来介绍他们的特色菜品。视频中，可以通过高清图像展示美味的食物外观，加上合适的背景音乐，配合文字字幕解释菜品的制作过程和口感特点。同时，可以运用特效将菜品的美味呈现得更加生动和诱人。最后，在视频的结尾，加入一些用户的评论和点赞信息，增加其他用户对菜品的兴趣和信任度。通过这样的内容构成，餐饮品牌方能够以生动鲜活的方式吸引用户的注意力，传达产品的信息，并提高用户的记忆度和关注度。

子任务 4.3.2　短视频的内容类型

短视频的内容题材丰富多样，以抖音平台的热门短视频内容为例，既有让人获取价值的知识类短视频；也有让人捧腹大笑的幽默搞笑类短视频；还有让人垂涎欲滴的美食类视频。总体而言，短视频主要包括以下 8 种内容类型，如图 4-14 所示。

图 4-14　短视频内容类型

1. 教育知识类

教育知识类短视频是以教育内容为主题的短视频形式，旨在通过简洁明了的方式传授知识点、解析问题、分享学习经验等，为观众提供有益的学习资源。这种类型的短视频具有以下特点和优势。

（1）知识传递效果好：教育知识短视频以清晰、简洁的方式传达知识点，易于被观众理解和接受。通过图文并茂、动画解说、例子说明等手段，能够帮助观众更好地理解和记忆知识内容。

（2）提供多样化的学习资源：教育知识短视频可以覆盖不同学科领域的知识点，提供多样化的学习资源供用户选择。用户可以根据自己的学习需求，在短时间内获取丰富的知识内容。

（3）引发学习兴趣和潜力：通过生动有趣的方式呈现教育知识，教育知识短视频能够引发观众的学习兴趣，激发学习的潜力。观众更容易保持专注并对知识内容保持兴趣，从而提高学习效果。

（4）方便灵活的学习方式：教育知识短视频可以随时随地通过移动设备观看，用户可以根据自己的时间和地点自由选择,学习方式方便灵活。无论是上下班途中、空闲时间还是家里的休闲时刻,用户都可以通过观看短视频来进行有效学习。

(5)推广深度学习:教育知识短视频通常会提供一定的学习深度,能够更好地帮助观众理解和消化知识点。通过多次观看和反复学习,观众可以逐渐建立起对某个知识领域的深入理解。

总的来说,教育知识类短视频通过使用简洁明了的方式传授知识,为用户提供有益的学习资源,从而提高学习效果、引发学习兴趣,并提供方便灵活的学习方式。这种形式的短视频在教育领域具有广阔的应用前景。例如,某 Excel 知识教学类账号,该账号的内容以实用的办公 Excel 教学为主,从而吸引了大量用户关注。目前该账号拥有 600 多万粉丝,如图 4-15 所示。该知识类账号的视频点赞、评论数也较为可观,如某条有关 Excel 快捷干货的视频,获得了 12 万多用户点赞,如图 4-16 所示。

图 4-15　某知识类账号

图 4-16　某条快捷干货的视频截图

2. 搞笑类

搞笑类短视频以幽默搞笑元素为主题,通过制造笑点和喜剧效果来愉悦用户。这种类型的短视频具有以下特点和优势。

(1)娱乐性强:搞笑短视频注重娱乐性,通过幽默的剧情、搞笑的对白、滑稽的表演等方式,能够愉悦用户身心。用户可以通过观看搞笑短视频来放松心情,缓解压力。

(2)快速吸引注意力:搞笑短视频通常采用快速切换和紧凑的剪辑方式,能够迅速吸引用户的注意力。短时间内集中呈现笑点,让用户很快进入快乐的氛围。

(3)社交分享效果好:搞笑短视频通常具有较高的分享价值,用户会将有趣的视频分享给他人,以分享快乐。这种社交分享能够扩散视频内容,增加用户的互动。

(4)构建个人形象:创作制作搞笑短视频的个人或团队,可以通过逗乐用户赢得关注,积累用户,形成个人或品牌形象,并引发商业机会,如代言、演出、品牌合作等。

(5)跨平台传播:搞笑短视频形式适应不同的短视频平台和社交媒体平台,可以通过分享、点赞、评论等互动方式在不同平台上进行传播。用户可以通过多个平台观看和分享搞笑短视频,进一步扩大其影响力。

总的来说,搞笑短视频以幽默搞笑的元素为主题,通过制造笑点来愉悦用户。这种形式的短视频具有很高的娱乐性和社交分享效果，能够吸引用户的注意力，并构建个人形象或品牌形象，进而带来商业机会。例如，某抖音账号，一直走搞笑路线，目前已收获20多万粉丝。其账号内容多是搞笑视频盘点，该账号下某条名为《那些笨蛋狗子的倒霉瞬间》短视频作品，就获得了20多万个点赞，如图4-17所示。

图4-17 《那些笨蛋狗子的倒霉瞬间》短视频作品

打造幽默搞笑的短视频内容，可以运用各种创意技巧和方法对一些比较经典的内容和场景进行视频编辑和加工；也可以对生活中一些常见的场景和片段直接进行"恶搞"的拍摄和编辑，从而打造出幽默、有趣，能使人发笑的短视频内容。

3. 美食类

美食类短视频是以食物为主题，展示美食的制作过程、创意菜品或美食分享等，让观众领略到各种美味。在短视频中，美食类内容主要包括以下4类。

（1）食谱制作：主要以美食的制作过程为主题，展示如何烹饪出各种美味佳肴。视频中会详细介绍所需食材的准备和烹饪步骤，让用户能够学习到制作美食的技巧和方法。

（2）创意菜品：主要展示一些创意和特色菜品的制作过程。这些菜品通常具有独特的造型、风味或配料组合，给用户带来不一样的视觉和味觉享受。

（3）美食分享：主要通过美食的分享和推荐来引起用户的兴趣。视频中会介绍一些特色餐厅、小吃摊或者夜市，展示他们的招牌菜品和独特的美食文化，让用户了解不同地区的特色美食。

（4）美食文化：主要介绍一些与美食相关的文化知识或传统习俗。视频中会讲解一些美食背后的历史故事和文化背景,让用户更深入地了解美食所蕴含的文化价值。这种类型的视频常常涉及一些特色节日食品或传统饮食方式等。

4. 时尚美妆类

美妆时尚短视频展示化妆技巧、时尚搭配、发型造型等内容,以满足人们对美的追求和时尚的关注。在美妆时尚短视频中,通常包括以下4类。

(1)化妆技巧:主要针对化妆爱好者,展示化妆的技巧、步骤和技巧。视频中会介绍如何画出完美的眉毛、眼妆、唇妆等,还会分享一些化妆产品的使用心得和推荐。

(2)时尚搭配:主要展示时尚搭配的技巧和灵感。视频中会展示不同风格的穿搭,介绍如何搭配服装、配饰和鞋子,以及如何根据不同场合和季节进行变化。

(3)发型造型:主要以发型的设计和造型为主题,展示各种发型的打造过程和技巧。视频中会介绍如何做卷发、直发、编发等不同的发型,并分享一些易于上手的发型教程和发型产品推荐。

(4)美妆时尚趋势:主要介绍当前的美妆时尚趋势和流行元素。视频中会分享最新的时尚资讯、流行妆容和流行服饰,让用户能够时刻跟上时尚潮流。

通过这些不同的分类,美妆时尚短视频可以满足用户对美的追求、对时尚的关注和对个人形象的提升需求。例如,抖音平台上的某美妆账号,主要产出美妆相关的干货内容。目前,该账号已积累了2869.5万粉丝关注,其账号主页如图4-18所示。

图4-18 "程十安"抖音账号主页

5. 影视类

现在大多数的人生活节奏都很快,很多人可能没有时间去看一部完整的电视剧或电影,也没有充沛的精力去观看一场完整的游戏比赛和体育比赛。这种情况下,各类剧评剪辑、影评剪辑、游戏解说、体育比赛解说等短视频作品应运而生,使不少用户能够在繁忙的生活间隙中，快速了解当下热门的影视作品、游戏和体育比赛等。

（1）剧评剪辑：剧评剪辑是将电视剧或电影中的精华片段进行剪辑，并配以解说或评析，以便让观众在较短的时间内了解作品的核心情节和主题。这类短视频通常会强调作品的故事情节、角色塑造和情感表达等。

（2）影评剪辑：影评剪辑是对电影的评价和分析，通过简短的视频剪辑和解说的形式，为用户提供对电影的观点和评论。这类短视频可以帮助观众了解影片的质量、主题和审美价值等，为观众提供选择电影时的参考依据。

（3）游戏解说：游戏解说是对电子游戏进行实时评论和解说的短视频，通常由游戏玩家或专业解说员制作。通过解说的形式，用户可以了解游戏的玩法、剧情、角色和技巧等内容，帮助用户更好地理解和参与游戏。

（4）体育比赛解说：体育比赛解说是对体育比赛进行实时评论和解说的短视频，常见于足球、篮球、网球等各类体育比赛。解说员会解说比赛的过程、战术策略和精彩瞬间等，为用户提供对比赛的深入理解和互动参与。

这些短视频作品通过对电影、游戏和体育比赛的剪辑和解说，帮助观众在快节奏的生活中快速了解和参与当下热门的影视作品、游戏和体育比赛中，提供便捷的观看体验和娱乐选择。例如，某电影解说类抖音播主会根据自己的理解和感悟剪辑电影或电视剧的片段，再配上对影视作品的解说，从而收获了2010.3万的粉丝关注，其账号主页如图4-19所示。

图4-19　某电影解说类抖音账号主页

6. 生活记录（Vlog）类

生活记录（Vlog）类短视频是一种以个人日常生活为主题的视频内容。它通过记录和分享作者的生活经历、活动和思考等，给观众提供了一个体验他人生活的视角。生活记录类短视频的内容包括以下几个方面。

（1）日常生活：生活记录类短视频通常会记录作者的日常生活，包括起床、工作、学习、休闲娱乐等。观众可以通过这些记录了解作者平凡而真实的日常生活，在共情的同时也能找到自己的共鸣点。

（2）旅行经历：旅行是生活记录类短视频的常见内容之一，作者会分享自己的旅行经历、目的地、景点、交通方式、美食体验等。用户通过视频可以感受到不同地方的文化氛围和风景，也能从中获取旅行的参考和灵感。

（3）兴趣爱好：作者可能会分享自己的兴趣爱好，比如摄影、绘画、音乐、舞蹈等。用户可以通过这些视频了解到作者的才艺展示和创作过程，从中获得相关技巧和启发。

（4）生活观点：生活记录类短视频也有可能包含作者对一些生活话题或社会问题的观点和思考。作者可以运用视频来表达自己对于人生、友情、爱情、成长等方面的想法，借此与用户进行情感共鸣和思考的交流。

（5）人情味：生活记录类短视频也强调展示生活中的人情味和真实性。作者可能会分享一些家庭聚会、节日庆祝、友情故事等，让用户感受到温暖和真挚的人际关系。

通过分享个人生活经历、活动和思考，生活记录类短视频给用户提供了一个接触他人生活的窗口，让大家能够互相倾听、分享和交流，带来共鸣和启发。

7. 才艺表演类

才艺表演类短视频可以有很多种，以下是一些常见的才艺表演类短视频分类。

（1）乐器演奏：小提琴、钢琴、吉他、古筝等各种乐器的精彩演奏。

（2）舞蹈表演：街舞、民族舞、现代舞、芭蕾等各类舞蹈的独特展示。

（3）魔术表演：神奇的魔术技巧、变戏法等令人惊叹的表演。

（4）异国风情：模仿各国特色舞蹈、音乐等呈现出的异国风情才艺。

（5）武术表演：形意拳、太极拳、空手道、剑术等各种武术技巧的展示。

（6）歌唱表演：翻唱流行歌曲、原创歌曲演唱，展示自己的歌唱实力。

（7）杂技表演：各种灵活、惊险、高难度的杂技技巧表演，如空中飞人、空中倒立等。

（8）戏剧表演：小品、相声、话剧等戏剧表演，展示出自己的喜剧天赋和演技。

（9）书法绘画：用毛笔书写或绘制各种美丽的山水画、花鸟画等。

（10）科技展示：DIY的科学实验、机械装置等展示出自己对科技的热爱和独特才能。

以上是一些常见的才艺表演类短视频分类，实际上才艺表演类短视频的种类因人而异，可以根据个人的特长和兴趣进行探索和创作。

8. 剧情故事类

剧情故事类短视频通过简短而精彩的剧情叙述，展示各种故事情节和角色之间的互动，引发用户的好奇和情感共鸣。

短视频的内容类型远不止上述 8 种，还有卡通动漫类、开箱测评类、萌宠萌宝类等。运营者可结合账号定位及自身所长来选择合适的短视频内容创作方向。

子任务 4.3.3　短视频的内容策划要点

一个好的短视频作品通常都需要经过内容策划，其内容策划主要包括如图 4-20 所示的几点。

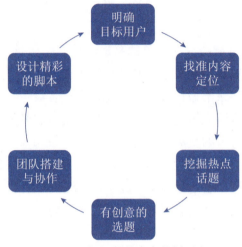

图 4-20　短视频的内容策划要点

（1）明确目标用户：首先需要明确目标用户，对目标用户进行深入的分析和理解，以迎合他们的需求。例如，针对不同性别、年龄段、地域的用户制作不同类型的短视频。

（2）找准内容定位：确定要传达的内容和风格，内容要有独特的特点和创意，要尽量与用户相关联，以激发用户的共鸣。同时，短视频风格容易让用户记住并产生共鸣。

（3）挖掘热点话题：在短视频内容策划的过程中，要善于挖掘热点话题，可以通过百度搜索风云榜、微博热搜榜、一帧数据平台等对热点内容进行挖掘筛选。

（4）有创意的选题：一个有创意的选题会直接影响到作品在平台获取的关注程度。选题主要体现在以用户体验为目标，做新鲜有创意的、互动性强的话题，标题、内容要避免包含敏感词汇，蹭热点需谨慎。

（5）团队搭建与协作：策划完成之后需要建立一个完整的短视频制作团队，包括编剧、导演、演员、摄影师、后期制作和社交媒体专员等。每个人都需要明确自己的职责，以确保整个制作过程顺利。

（6）设计精彩的脚本：脚本是短视频的灵魂和核心，需要设计出精彩的脚本、描述人物关系、场景、情节等元素，以激发观众的情感共鸣和认知刺激。

子任务 4.3.4　编写短视频脚本

在策划短视频内容时，一个必不可少的步骤就是写脚本。虽然各个视频内容类型不一，但写脚本的方法还是有规律可循的。下面以一条 40 秒的情感类型视频脚本为例，该类视频脚本可以分为 3 部分：开头 5 秒吸引注意力 + 中间 30 秒动人过程 + 结尾 5 秒互动。

1. 开头 5 秒：用提问或热点开头

通过研究数千条短视频，可以发现开头最常见的方式就是提问或紧跟热点。提问开头，指用疑问句、反问句、设问句等形式开头，勾起用户获得答案的欲望。例如"你和初恋还有联系吗？""不知道你有没有遇到过这种对象？"。用热点开头是指用热点信息来开头。例如，在中秋节前策划与节日相关的内容信息。

2. 过程 30 秒：讲解细节或有反转

一个 40 秒的视频，第 6~25 秒是视频最为核心的部分，应该展现出整段视频最精华的内容。这部分时间也决定了能否将用户留下来。

那如何做好这部分内容呢？第一种是内容要足够细，把要展现的内容像剥洋葱一样，将其层层剥开，且流程环环相扣，让用户沉浸在内容之中。例如，一条情感类视频主题是和相恋十年的男朋友分开，过程主要讲解两人是如何在一起，又是如何度过甜蜜期来到平淡期，再到现在的分手。让用户看完不由得感叹恋爱确实甜蜜，分手好可惜。第二种就是剧情有反转，让用户有出乎意料的惊喜。可以通过剪辑镜头、信息不对称等方式误导用户以为剧情会顺利展开，再给一个意想不到的反转，推翻之前的想法，呈现出一个与之前有冲突的结果。这样可以让视频更具冲击力，也更能吸引用户。

3. 结尾 5 秒：引导用户互动

因为短视频的精华内容已经在过程中完成，大多数用户在这个时间段容易出现注意力分散的情况，需要临门一脚以引导用户主动做出下载、购买、关注等交互行为。因此可以在结尾设计一些催促的话语来引导用户互动。例如，抓住用户的追求心态，将结尾设计为"关注我，给你分享更多干货"；利用用户害怕失去的心理，将结尾设计为"要收藏视频，不然刷着刷着就不见了"；利用用户的恐惧心态，将结尾设计为"那些没关注我的，最后都走了弯路"。

如此一来，整个短视频有引人入胜的开头、精妙绝伦的过程以及引导互动的结尾，就能一步步引导用户观看视频，了解视频中讲解的内容（包括产品知识），并对内容感兴趣（做出购买、关注、点赞等行为），由此生成一个完整的视频脚本。

其他类型的视频脚本也可参照以上 3 部分来写。

任务 4.4　短视频拍摄

掌握了短视频内容策划的基础知识后，还需要掌握短视频拍摄技巧，如短视频拍摄要点、短视频构图技法以及短视频运镜技法等。

子任务 4.4.1　短视频拍摄要点

好的短视频画面构图有着无可比拟的表现力，不仅能给用户传达出认知信息，还能赋予用户审美情趣。短视频拍摄的要点主要包括画面完整性、视觉层次感等，如图 4-21 所示。

图 4-21　短视频拍摄要点

1. 画面完整性

画面中的主体和背景要完整呈现，不应截断或缺失重要元素。避免遮挡物或干扰物挡住主要内容。

2. 视觉层次感

通过合理的前景、中景和背景的布局，以及远近景的处理，营造出画面的深度感和层次感，让用户能够明确地分辨画面中的各个元素和距离。

3. 对称和平衡

通过对称布局或平衡构图，使画面显得稳定、和谐和美观。避免出现画面左右或上下的不平衡感。

4. 线条与形状

合理运用线条和形状来引导用户的视线和增强画面的动感。可以使用对角线、曲线、形状等元素来营造出独特的视觉效果。

5. 色彩搭配和对比

合理运用颜色来营造出画面的氛围和情绪。通过明暗对比、冷暖色调对比等手法，增强画面的吸引力和表现力。

6. 焦点和主体

明确画面的焦点和主体，使其突出并吸引用户的注意力。可以通过调整焦点和景深来突出主体。

总而言之，视频画面构图要注重整体和谐、重点突出、层次感明确和视觉效果吸引人等方面，以达到有效传递信息和引起用户兴趣的目的。

子任务 4.4.2　短视频构图技法

在拍摄短视频时，对拍摄对象进行恰当的位置摆放，会使画面更具美感和冲击力。绝大多数火爆的短视频作品都借助了成功的构图方法，让作品主题突出、富有美感、有条有理，令人赏心悦目。那么，有哪些构图方法是在短视频拍摄过程中经常用到的呢？

在拍摄短视频时，有以下几种常用的构图方法。

1. 中心构图法

中心构图法是短视频拍摄中常用的一种构图方法。它适用于突出画面重点和明确视频主体的场景。通过将拍摄对象放置在相机或手机画面的中心，可以实现以下效果。

（1）突出画面重点：将主要物体或主体放置在画面中心，使其成为视觉焦点，引起用户的注意。

（2）明确短视频主体：通过将主体放置在中心，可以让用户清楚地识别出视频的主体或主题。

（3）锁定目光：中心构图法可以将用户的目光直接引导到画面的中心，使其集中在主体上，从而传达视频想要表达的信息。

尽管中心构图法在某些场景中非常有效，但它也有一些使用限制。使用这种构图方法时需要注意以下几点。

（1）视觉平衡：将主体放在中心可能导致画面显得静态和缺乏动态感。可以通过合理运用其他元素、对比或平衡来增加视觉的动感和平衡感。

（2）创意变化：过度使用中心构图法可能会导致画面显得乏味和单调。在需要吸引用户注意力和提升视觉吸引力的场景中，可以尝试其他构图方法以增加多样性和创意。

总之，中心构图法是一种常用的短视频拍摄构图方法，可以突出画面重点，明确短视频主体，并将用户的目光锁定在主体上。然而，要根据具体的拍摄场景和创作需求，灵活选择构图方法，并充分发挥个人创意和风格，以创作出更富有视觉吸引力的短视频作品。

在短视频拍摄中，中心构图法多用于美食、美景、吃播、达人秀等类型。例如，在某手工短视频画面中，可以明显看到画面中间的一朵完美的玫瑰花，可以让用户能够很快锁定短视频主体，同时获取短视频要表达的信息，如图 4-22 所示。

图 4-22　中心构图法示例

2. 三分法

三分法是短视频拍摄中最常用的一种，将画面分为三个水平或垂直的部分，将主要元素放置在这些交叉点上，以增加画面的平衡和吸引力。三分法能够突出画面重点，让人明确短视频主体，并将目光锁定在主体上，从而获取短视频要传达的信息。

应用三分法构图可以带来以下好处。

（1）平衡感：将画面分为平均的三部分，可以在视觉上创造出平衡的感觉。

（2）视觉引导：将主要元素放置在三分法的交叉点上，可以引导用户的目光，使其自然地聚焦在画面中最重要的部分。

（3）纵深感：通过合理利用前景、中景和背景，可以增加画面的纵深感，使用户感受到不同距离的物体。

（4）多元化构图：三分法可以应用于水平分割和垂直分割的情况，可以根据拍摄主题和场景的需要灵活运用。

总之，三分法是一种常用的构图方法，通过分割画面并将主要元素放置在交叉点上，可以增强画面的平衡感和吸引力，并引导观众目光聚焦在重要的区域上。例如，在短视频画面中，精美的花束位于右下角交叉点，在吸引用户观看鲜花的同时，传递鲜花唯美、浪漫的感觉，如图4-23所示。根据具体情况选择合适的构图方法，并根据个人创作风格进行适度的变化和创新。

图4-23 三分法构图法

3. 黄金分割法

"黄金分割"是将画面分割为两部分，其比例接近黄金分割比例（大约是1∶1.618），将主要元素放置在黄金分割点上，以获得一种和谐的画面。

在短视频拍摄中,"黄金分割"可以是视频画面中对角线与某条垂直线的交点,也可以是以画面中每个正方形的边长为半径,从而延伸出来的一条具有黄金比例的螺旋线,如图 4-24 所示。

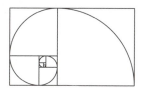

图 4-24 黄金分割法的结构示意图

运用黄金分割构图法进行短视频构图,一方面可以突出拍摄对象,另一方面在视觉上给人以舒适感,从而令观众产生美的享受。例如,拍摄一朵花时,将花蕾放置在画面的黄金分割点上,将花茎或背景作为另一部分。

4. 对称法

将画面分为左右对称或上下对称的两部分,两侧或上下的元素呈现出类似的形状、颜色或线条,创造出一种平衡和稳定的感觉。

对称构图法可以通过以下方式增强画面的平衡感和稳定感。

(1)左右对称:将画面垂直分为两半,使两侧的元素对称。可以将相似的物体、形状、颜色、纹理等放置在画面的两侧。

(2)上下对称:将画面水平分为两半,使上下的元素呈现对称。可以通过上下镜像、重复或反复出现的元素来创造对称感。

(3)元素形状、颜色或线条的相似性:在对称的两侧或上下,使用类似的元素形状、颜色或线条。可以是相同形状的物体,相似的颜色配对,或者是镜像的线条。

(4)注意平衡的分布:确保画面中的元素在对称的两侧或上下均匀分布,避免出现分布不均或偏向一侧的情况。

(5)利用中轴线:将画面分隔成对称的两部分时,可以利用中轴线来增强构图的稳定感。可以将元素沿着中轴线放置,或者让中轴线成为画面的重要元素。

通过采用对称构图法,可以给短视频画面带来一种平衡、稳定和整齐的感觉。这种构图方法适用于多种主题和场景,如景观、建筑、人物等,可以帮助提升画面的美感和观赏性。例如,某景区官方的宣传视频画面就采用了对称法构图,如图 4-25 所示。

5. 透视构图法

透视构图法是一种通过画面中的线条和空间布置来

图 4-25 对称法示例

表现三维空间的方法。在拍摄短视频时，采用透视构图法可以增强视频画面的立体感，使用户感受到画面的深度和距离感。

具体来说，可以尝试使用以下方法来进行透视构图。

（1）使用斜线：通过斜线的倾斜、交叉或透视，可以创造出立体的感觉。可以在构图中加入具有明显斜线的元素，如楼梯、斜向的路线或其他线条等。

（2）远近对比：选择拍摄场景时，可以考虑将前景、中景和背景分层次地安排在画面中，让用户感受到不同深度的物体之间的距离感。

（3）利用视角：选择合适的拍摄角度，如低角度或高角度，可以改变用户对物体的感知和距离感。

（4）对比大小：在画面中设置大小相差较大的物体，通过大小的对比增强用户对画面深度的感知。

（5）利用空间元素：利用消失点、立体几何体等元素来制造视觉上的远近距离感。

总之，采用透视构图法可以帮助提升短视频画面的立体感，使用户感受到画面中物体的深度和空间距离，从而增强观赏体验。例如，某短视频作品，就采用了单边透视构图的视频画面，让人想沿着湖边所指的方向观看，如图 4-26 所示。

图 4-26　单边透视构图示例

【小提示】值得注意的是：透视构图法分为单边透视和双边透视。单边透视是指画面中只有一边带有延伸感的线条。双边透视则指的是画面中两边都带有延伸感的线条。双边透视构图能够汇聚人们的视线，使短视频画面具有动感和想象空间。

6. 高低角度法

高低角度法通过改变拍摄角度，从不同的角度来捕捉被拍摄物体，以创造出一种截然不同的观感。例如，从低角度拍摄一个高塔，使其看起来更加壮观和威严；或者从高角度拍摄一个景观，以显示被拍摄物体的全貌。

高低角度法拍摄短视频的特点如下。

（1）将摄像机置于较高或较低的位置，改变人们通常所习惯的视角，使用户能够以不同的角度来观察被拍摄的物体或场景。

（2）高角度拍摄（也称为鸟瞰角度）可以将被拍摄物体或场景呈现在用户眼前，增加了全景感和空间感，使用户可以更好地理解场景的整体布局、范围和关系。

（3）低角度拍摄（也称为虫瞰角度）可以使被拍摄物体或场景显得更加庄重或强大。此外，低角度拍摄还能够突出被拍摄物体的纵向拉伸，使其看起来更高大、威严或壮观。

（4）高低角度法拍摄可以为用户带来新鲜感和独特的观看体验，因为它与平常的观察角度不同。这种改变角度的方式可以吸引用户的注意力，使其对被拍摄物体或场景产生更加强烈的兴趣和共鸣。

（5）使用高低角度法拍摄还可以展现一些特殊效果，例如使用鱼眼镜头拍摄可产生鱼眼效果，或者使用倾斜角度来制造一种滑板或极限运动的动感效果。

总而言之，高低角度法拍摄可以改变用户对被拍摄物体或场景的观感，为用户带来新的视觉体验和情感上的冲击。同时，它也拓宽了创作者的视角和表达方式，使影像更加多样化和有趣。

子任务 4.4.3 短视频运镜技法

在拍摄短视频时，镜头的运动被称为运镜。运镜就像是镜头在说话，它把整个画面带动得更有活力，也牵动着用户的视角，推动着故事的发展。下面为大家介绍几种常用的运镜技巧。

1. 推镜头

推镜头是一种常见的运镜技巧，也称为"推进镜头"或"拉近镜头"。该技巧通过保持拍摄主体位置固定不动，利用镜头的变焦或移动，将镜头从全景或其他景位由远及近地向拍摄主体推进，逐渐将主体填满画面，切换成近景或特写的画面。推镜头常用于电影、电视剧以及广告等影像制作中，用来描写细节、突出主体以及制造悬念等效果。通过推进镜头，可以引导观众的视线，突显出重要的细节或情节发展，增强画面的表现力和视觉冲击力。前推运镜是将镜头由远至近向前推进的运镜技巧。通过前推，可以呈现由远及近的效果，逐渐突出被拍摄主体的细节。前推运镜常用于人物和景物的拍摄中，可以展示远处的环境背景，并逐渐接近主体，突出主体的细节特征。这种运镜方式可以给观众带来画面的变化和紧张感,引导观众关注主体的细节,增加影像的吸引力和视觉冲击力。前推运镜常出现在电影、电视剧、广告等影像制作中,用于夸张、渲染或制造情节氛围等目的。例如,某拍摄乐山大佛的短视频作品中,就运用推镜头的方式,将画面主体从远及近,营造了一种身临其境的感觉,如图4-27所示。

图4-27 推镜头示例

2. 拉镜头

拉镜头的拍摄手法恰恰与推镜头相反,拉镜头是指拍摄主体位置不动,构图由小景别向大景别过渡的运镜技巧。镜头从特写或近景开始,逐渐变化到全景或远景,视觉上会容纳更多的信息,同时营造一种远离主体的效果。拉镜头常用于电影、电视剧等影像制作中,可以扩大场景范围,呈现更多环境和背景细节。这种运镜手法可以提供更全面的画面信息,同时也可以营造出距离感和环境氛围。

拉镜头可以激发观众的好奇心和想象力,创造震撼和壮观的视觉效果。拉镜头也常用于表达场景的变化和转折,传达出视频的情绪和氛围。它可以增强影像的冲击感、视觉层次和观赏价值,提升观众的观影体验。例如,某拍摄向日葵的短视频作品中,就运用了拉镜头的方式,由向日葵的特写过渡到中景,向用户展示多株向日葵盛开的美好画面,如图4-28所示。

图 4-28　拉镜头示例

3. 跟镜头

跟镜头是指拍摄主体处于运动状态时,镜头跟随其运动方式进行移动的拍摄技巧。跟镜头能够全方位地展现拍摄主体的动作、表情以及运动方向,使观众更加身临其境地感受到主体的运动过程。这种运镜手法常用于 Vlog 等实时记录和展示个人日常活动、探险经历、体育运动等场景中。通过跟随镜头,观众可以更好地感受到主体的真实感和动态感,提升观看者的参与感和沉浸感。跟镜头的运用可以使短视频更生动、有趣,并且增加观众的亲近感和连贯性。例如,某短视频作品就将运动镜头放置萌娃身上,呈现"萌娃视觉"的跟镜头视觉效果,展示萌娃在超市里的活动,如图 4-29 所示。正是因为跟镜头的应用让很多人对该视频感兴趣,截至目前该视频获得 78.7 万点赞。

图 4-29　跟镜头示例

4. 移镜头

移镜头是指镜头沿水平面进行各个方向的移动拍摄，可以展现拍摄主体的不同角度和景象。移镜头的效果给观众一种巡视或展示的感受，广泛应用于大型场景拍摄。通过移动镜头，可以记录更多的场景和画面，让观众感受到更多的细节和环境。移镜头还可以给静态的画面带来一种动态的视觉效果，增加观赏性和观众的参与感。这种拍摄手法常应用于旅游摄影、风景摄影、电影拍摄等场景，能够传达出广阔、开阔的画面氛围，为观众带来更丰富的视觉体验。例如，某短视频作品中，拍摄海上月光时，就用了移镜头的方式，从不同角度展示了海上的月亮，如图 4-30 所示。

图 4-30　移镜头示例

5. 摇镜头

摇镜头是指镜头跟随被拍摄物的移动而进行拍摄，常用于介绍故事环境或突出人物行动的意义和目的。在摇镜头拍摄时，镜头相当于人的头部观察周围的风景，但头的位置保持不变。所谓的"全景摇"指的就是使用摇镜头的手法拍摄全景画面。摇镜头常应用于特定的情境中，在镜头的摇晃下呈现模糊和强烈震动的效果。例如，可以通过摇镜头来表现精神恍惚、失忆穿越、车辆颠簸等场景。这种摇晃效果可以增加戏剧性、紧张感和视觉冲击力，让观众身临其境地感受到被拍摄物的动态和所处环境。

6. 升降镜头

升镜头和降镜头都是电影和电视剧中常用的镜头手法，目的是通过拍摄角度的改变来创造不同的视觉效果和氛围。

升镜头是将镜头从低处向上移动，通常用于表达主角或场景的崇高、庄严或重要性。升镜头常常与慢镜头配合使用，让画面更具有冲击力和感染力。

降镜头则是将镜头从高处向下移动，通常用于表达对场景或人物的压迫感或威严感。降镜头常出现在战争片、历史剧等需要给予观众一种沉重感的场景中，可以增强观众的代入感和震撼力。

无论是升镜头还是降镜头，都是通过改变拍摄角度来构造画面的感官效果，从而增强观众的观影体验。这些镜头手法需要导演和摄影师根据剧情需要和想要表达的情感进行选择，以达到最佳的视觉效果。例如，某短视频作品就采用了升镜头，镜头从低处的地板移动到上面的天空，让自然风光更具冲击性和感染力，如图4-31所示。

图4-31 升降镜头示例

7. 环绕镜头

环绕镜头是一种将镜头围绕着被拍摄主体进行旋转的镜头手法。通过环绕镜头的运用，可以创造出一种环绕、围绕的感觉，使观众感受到主体的全貌和周围环境。

环绕镜头可以突出主体的重要性和独特性，同时也能够营造出一种紧张、动感的氛围。在建筑物的拍摄中，环绕镜头能够展示出建筑物的各个角度和细节，让观众更好地了解建筑物的结构和特点。在雕塑物体的拍摄中，环绕镜头可以表现出雕塑的立体感和纹理。

此外，环绕镜头也常用于特写画面的拍摄，通过围绕被拍摄对象的运动，使观众更全面地感受被拍摄对象的特点和情感。

总的来说，环绕镜头是一种表现手法，通过旋转的运动将镜头围绕拍摄主体，营造出一种环绕、围绕的效果，增强画面的张力和观赏性。在合适的情境下使用环绕镜头，可以带给观众一种沉浸式的观影体验。例如，某拍摄建筑物的短视频作品中，就采用了环绕镜头，围绕建筑物这一主体进行环绕拍摄，营造一种巡视般的视觉效果，如图4-32所示。

图 4-32　环绕镜头示例

8. 综合运动镜头

综合运动镜头是一种将摄影机的多种运动形式连续拍摄的单个镜头。它包括拉镜头（即通过变焦镜头调整远近视野）、移镜头（即通过摄影机移动来改变视角）等多种运动镜头的综合应用。

使用综合运动镜头可以在一个镜头内创造出多种不同的运动效果，从而丰富了画面的表现力。例如，在一个综合运动镜头中，先使用拉镜头将焦点从一个远处的主体逐渐拉近，然后再通过移镜头改变视角，突出主体或展现周围环境。

这种综合运动镜头的应用可以帮助导演传达不同的情感和叙事效果。例如，在电影中，综合运动镜头经常被用来表达人物的心理变化、紧张氛围的营造，或者是展示宏伟场面时的视觉冲击力。

综合运动镜头需要导演和摄影师精确的规划和操作，以保证镜头变化的流畅性和符合叙事需要。通过巧妙地组合和应用不同的镜头运动形式，综合运动镜头可以带给观众更丰富的视觉体验和感受。

子任务 4.4.4　使用手机拍摄短视频

近年来，随着各品牌手机的配置越来越高，手机拍摄功能日趋成熟，很多视频博主都是使用手机来拍摄短视频。这里以 iPhone13 为例，拍摄短视频步骤如下。

第 1 步：点击手机的"相机"按钮，打开手机的相机，如图 4-33 所示。

第 2 步：进入拍照片页面，点击"视频"按钮，如图 4-34 所示。

图 4-33　点击手机的"相机"按钮

图 4-34　点击"视频"按钮

第 3 步：点击手机的 ● 按钮，开始拍摄视频，如图 4-35 所示。

第 4 步：进入拍摄视频页面，点击 ● 按钮，即可结束拍摄，如图 4-36 所示。

图 4-35　点击手机的 ● 按钮（1）

图 4-36　点击手机的 ● 按钮（2）

将拍摄好的短视频自动保存至手机，接下来可对短视频进行制作。

任务 4.5 短视频制作

在拍摄完短视频后，还需要对视频进行后期制作，才能展现出更为精美的视频效果。在开始短视频制作前，先熟悉短视频制作软件，再进行实操，学会用剪映 App 及 Premiere 等软件完成短视频制作。

子任务 4.5.1 短视频制作常用软件

拍摄好短视频后，还需要对短视频进行剪辑，如删除、增添片段、添加音乐、添加字幕、添加特效等。故新媒体运营人员需要掌握一些视频编辑工具的使用方法，如剪映、爱剪辑、Adobe Premiere Pro 等。

1. 剪映 App

剪映是由抖音官方推出的一款视频编辑工具，带有全面的剪辑功能，支持变速，有多种滤镜和美颜效果，以及丰富的曲库资源。剪映支持在手机移动端、Pad 端、Mac 电脑、Windows 电脑全终端使用。

这里以手机端的剪映 App 为例，不仅具有视频剪辑、添加音频、添加贴纸、添加滤镜等功能，还具有无水印保存及导出和直接分享至抖音等功能。为方便用户使用剪映，抖音官方还推出了剪映 App 的音频实操课程，讲述如何添加字幕、添加音乐、添加特效、转场等操作。进入剪映 App 首页，可以看到剪映支持拍摄、录屏、创作脚本等功能，如图 4-37 所示。

图 4-37 剪映 App 首页

新媒体运营者可直接使用剪映 App 拍摄视频,也可用于剪辑视频、添加字幕、添加音乐等。创作好视频后,还可一键分享至抖音平台,十分便捷。

手机视频编辑器种类繁多,常见的手机视频编辑器及主要功能如表 4-1 所示。

表 4-1 常见的手机视频编辑器及主要功能

编辑器名称	主要功能
快影 App	是北京快手科技有限公司研发的一款集视频拍摄、后期制作于一身的视频软件。该软件拥有强大的视频制作功能、特效功能,还有海量音乐库、音效供用户选择,让用户在手机上也能轻松完成创意视频的制作
小影 App	小影满足了用户视频拍摄更长、视频编辑更长和视频更炫酷的需求,且因为其拍摄风格多样、内容新潮创意、视频特效众多,迅速获得了一大批的用户追捧。小影 App 有着即拍即停的特色,配上各种美轮美奂的实时滤镜,让画面更具有美感
视频剪辑大师	剪辑大师拥有海量的短视频特效素材、海量的高音质背景音乐素材、搞笑表情,且经常更新内容,力求用户使用的特效不过时。剪辑大师操作方式简单,功能强大,即使是新手也能在短时间内掌握它的用法,将普通的短视频变成独具一格的作品

2. 爱剪辑软件

虽然手机上的视频后期制作 App 操作步骤简单,但对于要求比较高的创作者来说,还不能满足其要求,此时可以选择爱剪辑、Camtasia Studio 等软件来编辑视频。

爱剪辑是由爱剪辑团队研发出的一款根据国人使用习惯、功能需求与审美特点的视频后期制作软件,具有颠覆性和首创性。软件的工作界面简单,在首页即可看到菜单栏、信息面板、添加面板和预览面板,使用起来十分简便,如图 4-38 所示。

图 4-38 爱剪辑首页

爱剪辑的功能十分强大,提供超强的文字特效、各种视频风格的滤镜、转场特效、缤纷相框、叠加贴图功能、去水印功能,支持多种视频音频格式;且操作方式简单易上手,视频处理速度快、稳定性高,非常适合短视频后期制作。

3. Adobe Premiere Pro

Adobe Premiere Pro(简称 PR),是由 Adobe 公司开发的一款专业剪辑软件,一般用于广告与电视节目制作。其操作比一般的手机视频剪辑软件复杂许多,但可以完成更多的专业的视频调整。因此,PR 是视频编辑爱好者和专业人士必不可少的视频编辑工具。

Premiere 有着专业性强、操作简便等优点,可对声音、图像、视频、文件等多种素材进行加工处理。Adobe Premiere Pro 2021 的操作界面如图 4-39 所示。

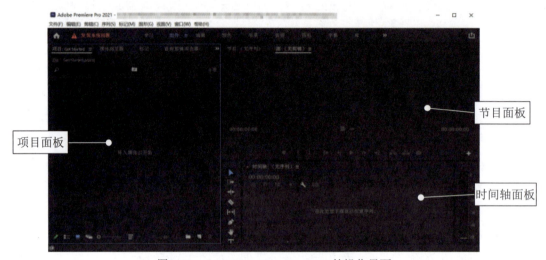

图 4-39　Adobe Premiere Pro 2021 的操作界面

子任务 4.5.2　使用剪映 App 剪辑短视频

观看视频

剪映 App 是抖音平台官方推出的剪辑软件,其主要功能是添加与剪辑视频、添加音乐和字幕、设置视频比例、导出视频发布平台等。下面将介绍使用剪映 App 剪辑短视频的具体操作方法。

1. 导入视频素材

在剪映 App 中,使用"开始创作"功能,可以添加手机相册里或软件自带的"素材库"中的视频和图像素材。这里将详细讲解导入视频素材的操作方法。

第 1 步:打开剪映 App,点击"开始创作"按钮,如图 4-40 所示。

第 2 步:在弹出的视频页面中,勾选一段或多段视频,点击"添加"按钮,如图 4-41 所示,即可添加视频素材。

图 4-40 点击"开始创作"按钮

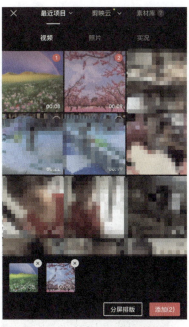
图 4-41 点击"添加"按钮

2. 添加音乐

在添加了视频或图像素材后，可以使用"音频"功能添加音乐文件，在导入音乐后，还可对音乐素材进行更详细的设置，如调整音量、淡化、分割、踩点等。下面将详细讲解添加音乐的操作方法。

第 1 步：进入视频编辑界面，点击"音频"按钮，如图 4-42 所示。

第 2 步：在弹出的"音频"功能菜单中，点击"音乐"按钮，如图 4-43 所示。

图 4-42 点击"音频"按钮

图 4-43 点击"音乐"按钮

第3步：系统自动跳转到"添加音乐"页面，选择合适的背景音乐，并点击该音乐进行试听，确定使用该音乐后，点击"使用"按钮，如图4-44所示。返回视频编辑页面，即可看到刚才添加的音乐，如图4-45所示。

图4-44 点击"使用"按钮

图4-45 成功添加音乐后的视频

第4步：选择音乐视频，指定音乐的分割位置，在"音频"功能菜单中，点击"分割"按钮，如图4-46所示。

第5步：分割音频素材，如图4-47所示。

图4-46 点击"分割"按钮

图4-47 分割音频素材

第6步：选择分割后的后一段视频素材，在"音频"功能菜单中，点击"删除"按钮，如图4-48所示，即可删除多余的音频素材，如图4-49所示。

图4-48　点击"删除"按钮

图4-49　删除音频素材

3. 添加字幕

在短视频中添加字幕，便于用户者理解视频内容，其观感也会更高。给短视频添加字幕的方法主要包括手动输入和系统识别两种。这里以手动输入文本添加字幕为例，介绍添加字幕的操作方法。

第1步：在视频编辑界面的工具栏中，点击"文本"按钮，如图4-50所示。

第2步：在弹出的文本页面中，点击"新建文本"按钮，如图4-51所示。

图4-50　点击"文本"按钮

图4-51　点击"新建文本"按钮

第 3 步：在弹出的键盘页面中，输入文字字幕，点击"√"按钮，即可生成字幕，如图 4-52 所示。

第 4 步：选择新添加的文本，根据视频画面选择文字的样式、花字、气泡、动画等效果，并调整文本的位置，如图 4-53 所示。

图 4-52　添加字幕　　　　图 4-53　编辑字幕

4. 调整视频比例

在完成了短视频的添加与编辑后，可以调整视频的导出比例。视频的导出比例包含有横屏和竖屏等类型。这里以调整视频为横屏为例，介绍调整视频比例的操作方法。

第 1 步：在剪映 App 的工具栏中，点击"比例"按钮，如图 4-54 所示。

第 2 步：在弹出的界面中，点击"16∶9"按钮，如图 4-55 所示。

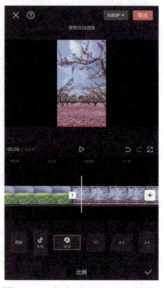

图 4-54　点击"比例"按钮　　　图 4-55　点击"16∶9"按钮

第 3 步：点击"√"按钮，完成视频比例的调整，并调整视频画面的显示大小和位置，如图 4-56 所示。

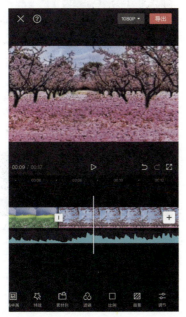
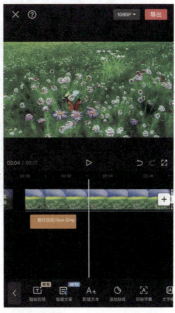

图 4-56　调整视频画面比例

完成视频画面比例的调整后，可以将视频导出，然后发布到抖音、西瓜视频等视频平台。

当然，视频剪辑不仅限于添加音乐、字幕等内容，还可以根据自身需求对视频进行更多美化，如添加特效、滤镜等。对于拍摄视频、剪辑视频而言，这些操作步骤都不难，难的是剪辑思路。大家平时在观看其他视频时，也可以关注一下视频所用拍摄手法及剪辑技巧，并选择适合自己的技巧进行应用。

子任务 4.5.3　使用 Premiere 剪辑短视频

随着短视频的迅猛发展，各大电商平台也争相使用短视频来推广自己的产品。下面以 Premiere 为例介绍如何编辑电商类短视频，其具体操作步骤如下。

观看视频

1. 设置视频尺寸和分辨率大小

在制作电商类短视频之前，需要先调整好短视频的尺寸和分辨率。下面将介绍详细的设置方法。

第 1 步：新建一个名称为"电商短视频"的项目文件，在"项目"面板的空白处单击鼠标右键，在弹出的快捷菜单中，选择"新建项目"命令，展开子菜单，选择"序列"命令，如图 4-57 所示。

第 2 步：打开"新建序列"对话框，在"可用预设"列表框中，选择"宽屏 48kHz"选项，在"序列名称"文本框中输入"总合成"，如图 4-58 所示。

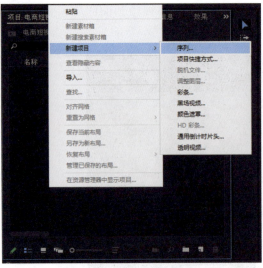

图 4-57 选择"序列"命令

图 4-58 设置序列参数

第 3 步：切换至"设置"选项卡，在"编辑模式"列表框中选择"自定义"选项，修改"帧大小"参数为"750"和"1000"，点击"确定"按钮，如图 4-59 所示。

第 4 步：完成序列文件的新建操作，并在"项目"面板中显示，如图 4-60 所示。

图 4-59 设置帧大小

图 4-60 新建序列

2. 导入素材

在新建好项目和序列文件后，使用"导入"功能可以导入视频素材。下面将介绍具体的操作方法。

第 1 步：在"项目"面板的空白处双击鼠标左键，打开"导入"对话框，在对应的文件夹中选择需要导入的图像素材，点击"打开"按钮，如图 4-61 所示。

第 2 步：将选择的图像文件添加至"项目"面板中，如图 4-62 所示。

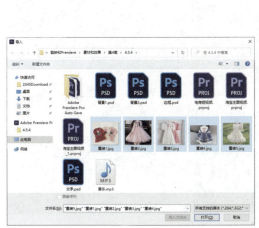

图 4-61 选择图像素材

图 4-62 导入图像素材

第 3 步：在"项目"面板的空白处双击鼠标左键，打开"导入"对话框，在对应的文件夹中选择需要"文字"PSD 格式的图像素材，点击"打开"按钮，如图 4-63 所示。

第 4 步：打开"导入分层文件：文字"对话框，在"导入为"列表框中，选择"合并所有图层"选项，点击"确定"按钮，如图 4-64 所示。

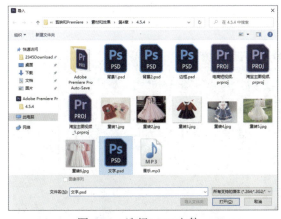

图 4-63 选择 PSD 文件

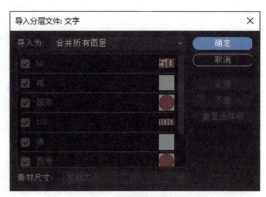

图 4-64 设置分层文件

第 5 步：将选择的 PSD 文件添加至"项目"面板中，如图 4-65 所示。

第 6 步：使用同样的方法，将其他的 PSD 图像添加至"项目"面板中，如图 4-66 所示。

图 4-65 导入 PSD 文件

图 4-66 导入其他 PSD 文件

3. 制作视频背景

在添加各种素材后,可以制作视频的背景效果。下面介绍具体的操作方法。

第 1 步:在"项目"面板中,选择"背景 1"图像文件,按住鼠标左键并拖曳至"时间轴"面板的"视频 1"轨道上,然后调整其持续时间为"15 秒",如图 4-67 所示。

第 2 步:选择"背景 1"图像文件,在"效果控件"面板的"运动"选项区中,修改"缩放"参数为"25",添加一组关键帧,如图 4-68 所示。

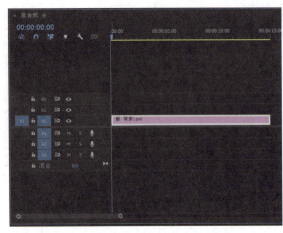

图 4-67 添加"背景 1"图像素材(1)

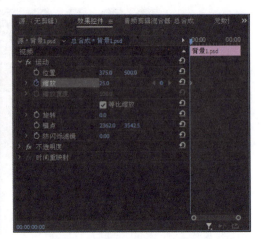

图 4-68 修改"缩放"参数(1)

第 3 步:将时间线移至"00:00:14:10"的位置,在"效果控件"面板的"运动"选项区中,修改"缩放"参数为"28",添加一组关键帧,如图 4-69 所示。

第 4 步:在"项目"面板中,选择"背景 2"图像文件,按住鼠标左键并拖曳至"时间轴"面板的"视频 2"轨道上,然后调整其持续时间长度为"15 秒",如图 4-70 所示。

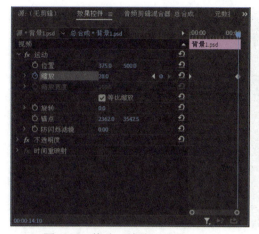
图4-69 修改"缩放"参数（2）

图4-70 添加"背景2"图像素材（2）

第5步：选择"背景1"图像文件，在"效果控件"面板的"运动"选项区中，修改"位置"参数为"376"和"443"，取消勾选"等比缩放"复选框，修改"缩放高度"参数为"32"、"缩放宽度"参数为"52"，如图4-71所示。

第6步：完成图像大小的调整，并在"节目监视器"面板中预览调整后的图像效果，如图4-72所示。

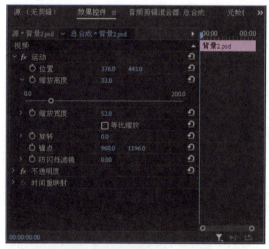

图4-71 修改"背景1"相关参数（3）

图4-72 调整图像大小和位置

第7步：执行"文件"|"新建"|"彩色遮罩"命令，在"项目"面板中新建一个"白色遮罩"图像，然后按住鼠标左键并拖曳至"时间轴"面板的"视频3"轨道上，然后调整其持续时间为"15秒"，如图4-73所示。

第8步：选择"白色遮罩"图形，在"效果控件"面板的"运动"选项区中，修改"位置"参数为"373"和"1008"，取消勾选"等比缩放"复选框，修改"缩放高度"为"25"、"缩放宽度"为"101"，如图4-74所示。

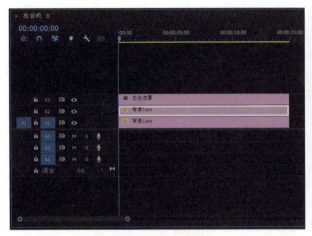
图 4-73 添加遮罩图形

图 4-74 修改"遮罩图形"相关参数（4）

第 9 步：完成图像大小的调整，并在"节目监视器"面板中预览调整后的图像效果，如图 4-75 所示。

第 10 步：执行"文件"|"新建"|"项目"命令，打开"新建序列"对话框，在"可用预设"列表框中，选择"标准 48kHz"选项，在"序列名称"文本框中输入"商品展示 1"，如图 4-76 所示。

图 4-75 调整图像大小和位置

图 4-76 设置序列参数

第 11 步：切换至"设置"选项卡，在"编辑模式"列表框中选择"自定义"选项，修改"帧大小"参数为"720"和"576"，单击"确定"按钮，如图 4-77 所示。

第 12 步：完成"商品展示 1"序列的新建，并在"项目"面板中显示，如图 4-78 所示。

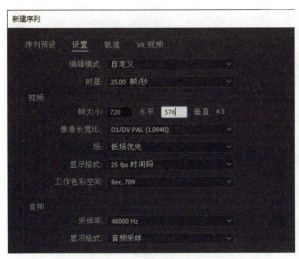

图 4-77 设置帧大小

图 4-78 新建序列

第 13 步：双击新创建的序列文件，打开"商品展示 1"序列的"时间轴"面板，然后在"项目"面板中，选择"童装 1"图像文件，将其添加至"视频 1"轨道上，如图 4-79 所示。

第 14 步：选择"童装 1"图像素材，将时间线移至"00:00:00:00"的位置，然后在"效果控件"面板的"运动"选项区中，修改"缩放"参数为"115"，添加一组关键帧，如图 4-80 所示。

图 4-79 添加"童装 1"图像素材（3）

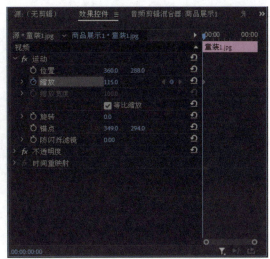

图 4-80 修改时刻 1 相关参数（5）

第 15 步：将时间线移至"00:00:01:02"的位置，在"效果控件"面板的"运动"选项区中，修改"缩放"参数为"125"，添加一组关键帧，如图 4-81 所示。

第 16 步：将时间线移至"00:00:02:09"的位置，在"效果控件"面板的"运动"选项区中，修改"缩放"参数为"140"，添加一组关键帧，如图 4-82 所示。

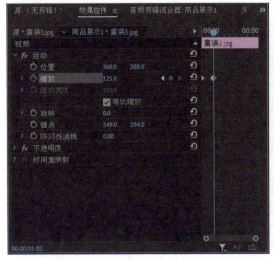
图 4-81　修改时刻 2 相关参数（6）

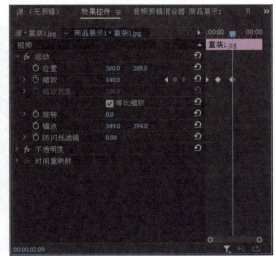
图 4-82　修改时刻 3 相关参数（7）

第 17 步：将时间线移至"00:00:04:07"的位置，在"效果控件"面板的"运动"选项区中，修改"缩放"参数为"74"，添加一组关键帧，如图 4-83 所示。

第 18 步：在"项目"面板中，选择"边框"图像文件，将其添加至"视频 2"轨道上，如图 4-84 所示。

图 4-83　修改时刻 4 相关参数（8）

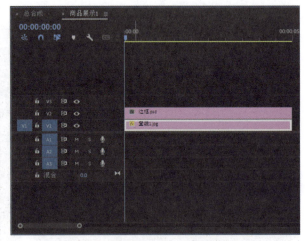
图 4-84　添加"边框"图像素材（4）

第 19 步：选择"边框"图像素材，在"效果控件"面板的"运动"选项区中，修改各参数值，添加一组关键帧，如图 4-85 所示。

第 20 步：将时间线移至"00:00:00:07"的位置，在"效果控件"面板的"运动"选项区中，修改"旋转"参数为"0.5°"，添加一组关键帧，如图 4-86 所示。

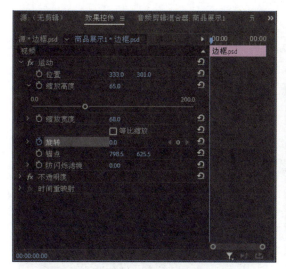

图 4-85 修改"边框"相关参数（9）

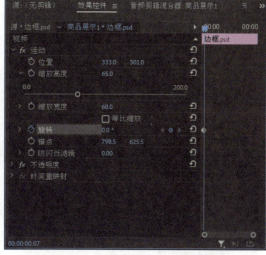

图 4-86 修改时刻 1 相关参数（10）

第 21 步：将时间线移至"00:00:00:15"的位置，在"效果控件"面板的"运动"选项区中，修改"旋转"参数为"-0.5°"，添加一组关键帧，如图 4-87 所示。

第 22 步：在"效果控件"面板的"运动"选项区中，选择关键帧，点击鼠标右键，在弹出的快捷菜单，选择"复制"命令，复制关键帧，然后将时间线依次移至其他位置，多次粘贴关键帧，如图 4-88 所示。

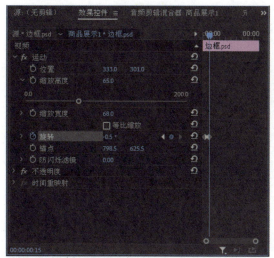

图 4-87 修改时刻 2 相关参数（11）

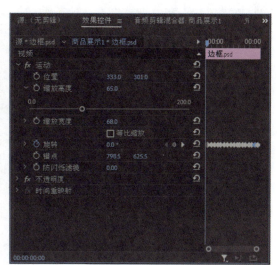

图 4-88 复制并粘贴关键帧

第 23 步：在"节目监视器"面板中，预览关键帧动画效果，如图 4-89 所示。

第 24 步：在"项目"面板中选择"商品展示 1"序列，执行"编辑"|"复制"命令，复制序列文件，多次执行"复制"|"粘贴"命令，粘贴序列文件，然后更改粘贴后的序列文件名称，如图 4-90 所示。

图 4-89 预览图像效果

图 4-90 复制并粘贴序列文件

第 25 步：在"项目"面板中选择"商品展示 2"序列，双击鼠标左键，打开"商品展示 2"序列文件的"时间轴"面板，在"项目"面板中，选择"童装 2"图像文件，将其添加至"视频 1"轨道上，并删除原有的图像文件，如图 4-91 所示。

第 26 步：选择"童装 2"图像文件，在"效果控件"面板的"运动"选项区中，依次修改"位置"和"缩放"参数值，添加多组关键帧，如图 4-92 所示。

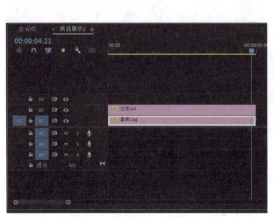

图 4-91 添加"童装 2"图像素材（1）

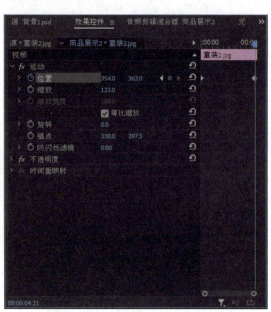

图 4-92 修改"童装 2"相关参数（1）

第 27 步：在"项目"面板中选择"商品展示 3"序列，双击鼠标左键，打开"商品展示 3"序列文件的"时间轴"面板，在"项目"面板中，选择"童装 3"图像文件，将其添加至"视频 1"轨道上，并删除原有的图像文件，如图 4-93 所示。

第28步：选择"童装3"图像文件，在"效果控件"面板的"运动"选项区中，依次修改"位置"和"缩放"参数值，添加多组关键帧，如图4-94所示。

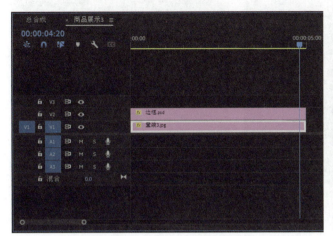

图4-93 添加"童装3"图像素材（2）　　　　图4-94 修改"童装3"相关参数（2）

第29步：在"项目"面板中选择"商品展示4"序列，双击鼠标左键，打开"商品展示4"序列文件的"时间轴"面板，在"项目"面板中，选择"童装4"图像文件，将其添加至"视频1"轨道上，并删除原有的图像文件，如图4-95所示。

第30步：选择"童装4"图像文件，在"效果控件"面板的"运动"选项区中，依次修改"位置"和"缩放"参数值，添加多组关键帧，如图4-96所示。

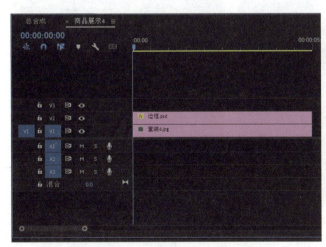

图4-95 添加"童装4"图像素材（3）　　　　图4-96 修改"童装4"相关参数（3）

第31步：在"项目"面板中选择"商品展示5"序列，双击鼠标左键，打开"商品展示5"序列文件的"时间轴"面板，在"项目"面板中，选择"童装5"图像文件，将其添加至"视频1"轨道上，并删除原有的图像文件，如图4-97所示。

第32步：选择"童装5"图像文件，在"效果控件"面板的"运动"选项区中，依次修改"位置"和"缩放"参数值，添加多组关键帧，如图4-98所示。

129

图 4-97 添加"童装 5"图像素材（4）　　图 4-98 修改"童装 5"相关参数（4）

第 33 步：在"项目"面板中选择"商品展示 1"序列文件，按住鼠标左键并拖曳，将其添加至"总合成"面板的"视频 4"轨道上，修改其持续时间为 3 秒，并分离该序列文件中的视频和音频，删除音频文件，如图 4-99 所示。

第 34 步：选择"商品展示 1"文件，在"效果控件"面板的"运动"选项区中，修改"位置"参数为"-328"和"438"，"缩放"参数为"120"，添加一组关键帧，如图 4-100 所示。

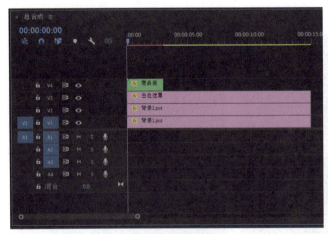 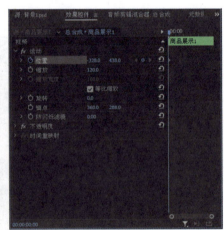

图 4-99 添加序列文件　　图 4-100 修改"商品展示 1"相关参数（12）

第 35 步：将时间线移至"00:00:00:07"的位置，在"效果控件"面板的"运动"选项区中，修改"位置"参数为"-232"和"438"，添加一组关键帧，如图 4-101 所示。

第 36 步：将时间线移至"00:00:00:17"的位置，在"效果控件"面板的"运动"选项区中，修改"位置"参数为"-43"和"438"，添加一组关键帧，如图 4-102 所示。

图 4-101　修改时刻 1 相关参数（13）

图 4-102　修改时刻 2 相关参数（14）

第 37 步：将时间线移至"00:00:01:05"的位置，在"效果控件"面板的"运动"选项区中，修改"位置"参数为"378"和"438"，添加一组关键帧，如图 4-103 所示。

第 38 步：将时间线移至"00:00:02:15"的位置，在"效果控件"面板的"不透明度"选项区中，修改"不透明度"参数为 100%，添加一组关键帧，如图 4-104 所示。

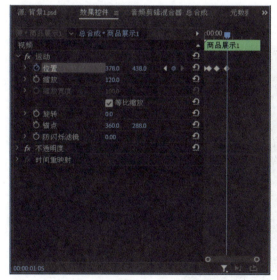
图 4-103　修改时刻 3 相关参数（15）

图 4-104　修改时刻 4 相关参数（16）

第 39 步：将时间线移至"00:00:02:23"的位置，在"效果控件"面板的"不透明度"选项区中，修改"不透明度"参数为 0%，添加一组关键帧，如图 4-105 所示。

第 40 步：在"项目"面板中依次选择"商品展示 2"至"商品展示 5"序列文件，按住鼠标左键并拖曳，将其添加至"总合成"面板的"视频 4"轨道上，修改其持续时间为"3 秒"，并分离该序列文件中的视频和音频，删除音频文件，如图 4-106 所示。

图 4-105 修改时刻 5 相关参数（17）

图 4-106 添加多个序列文件

第 41 步：在"时间轴"面板中选择"商品序列 1"序列文件，执行"编辑"|"复制"命令，复制视频属性，依次选择"商品展示 2"至"商品展示 5"序列文件，再执行"编辑"|"粘贴属性"命令，打开"粘贴属性"对话框，在"视频属性"选项区中，勾选"运动"和"不透明度"复选框，点击"确定"按钮，完成视频属性的粘贴操作，如图 4-107 所示。

图 4-107 设置粘贴属性参数

4. 制作视频字幕

在完成视频背景效果的制作后，可以使用"文字工具"给视频添加各种字幕效果。下面介绍具体的操作方法。

第1步：将时间线移至"00:00:00:00"的位置，点击工具箱中的"文字工具"按钮，在"节目监视器"面板中，点击鼠标左键，输入文本"童装会馆"，如图4-108所示。

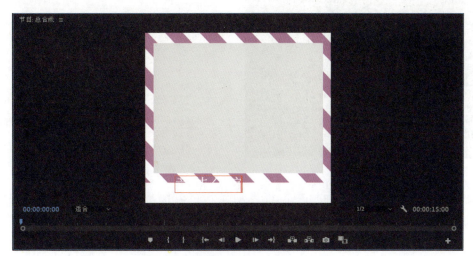

图4-108 输入文本

第2步：选择新输入的文本，在"效果控件"面板的"文本"选项区中，修改字体格式为"方正粗宋简体"，修改"字体大小"为"102"，如图4-109所示。

第3步：在"外观"选项区中，点击"填充"左侧的颜色块，打开"拾色器"对话框，修改RGB参数分别为"223""48""109"，点击"确定"按钮，如图4-110所示，修改字体的填充颜色。

图4-109 修改字体格式和大小

图4-110 修改颜色参数

第4步：在"外观"选项区中，勾选"描边"复选框，修改其颜色的RGB参数均为"242"，修改"描边宽度"参数为"18"，如图4-111所示，修改字体的描边效果。

第 5 步：完成文本格式的修改，然后将文本移动至合适的位置，如图 4-112 所示。

图 4-111　修改描边效果

图 4-112　移动字幕位置

第 6 步：在"时间轴"面板中，将自动显示字幕图形，并调整其持续时间为"15 秒"，如图 4-113 所示。

第 7 步：将时间线移至"00:00:00:00"的位置，选择新添加的字幕文件，在"效果控件"面板的"运动"选项区中，修改"旋转"参数为"1°"，添加一组关键帧，如图 4-114 所示。

图 4-113　添加字幕图形

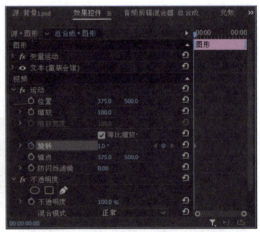

图 4-114　修改时刻 1 相关参数（1）

第 8 步：将时间线移至"00:00:00:13"的位置，在"效果控件"面板的"运动"选项区中，修改"旋转"参数为"-1°"，添加一组关键帧，如图 4-115 所示。

第 9 步：将时间线移至"00:00:00:17"的位置，在"效果控件"面板的"运动"选项区中，选择关键帧，点击鼠标右键，在弹出的快捷菜单中，选择"复制"命令，复制关键帧，再依次在其他位置，多次粘贴关键帧，如图 4-116 所示。

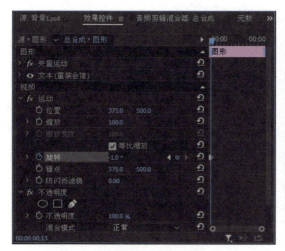

图 4-115 修改时刻 2 相关参数（2）

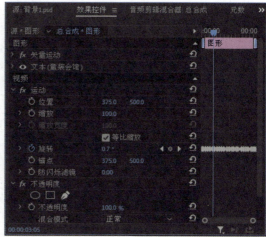

图 4-116 复制并粘贴多组关键帧

第 10 步：在"项目"面板中选择"文字"图像文件，按住鼠标左键并拖曳，将其添加至"时间轴"面板的"视频 6"轨道上，并调整其持续时间为"15 秒"，如图 4-117 所示。

第 11 步：选择"文字"图像文件，在"效果控件"面板的"运动"选项区中，修改"位置"参数为"553"和"940"，修改"缩放"为"10"，如图 4-118 所示。

图 4-117 添加"文字"图像文件

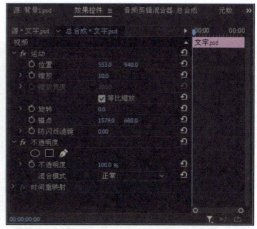

图 4-118 修改"文字"相关参数（3）

第 12 步：继续选择"文字"图像文件，在"效果控件"面板的"运动"选项区中，修改"旋转"参数值，添加多组关键帧，如图 4-119 所示。

第 13 步：在"节目监视器"面板中，预览修改后的"文字"图像的大小和位置效果，如图 4-120 所示。

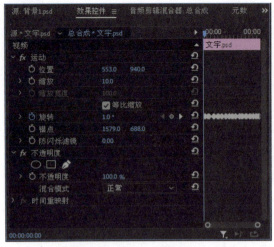

图 4-119　添加多组关键帧

图 4-120　预览图像效果

5. 添加音频

在制作电商主图短视频时,还需要为短视频添加音乐。下面介绍具体的操作方法。

第 1 步:在"项目"面板中,导入"音乐"素材,然后选择"音乐"素材,按住鼠标左键并拖曳,将其添加至"时间轴"面板的"音频 1"轨道上,并修改其持续时间,如图 4-121 所示。

第 2 步:在音频轨道上按住鼠标左键并拖曳,展开音频轨道,如图 4-122 所示。

图 4-121　添加音乐素材

图 4-122　展开音频轨道

第 3 步:将时间线移至 00:00:00:18 的位置,在按住 Ctrl 键的同时,在时间线位置处,单击鼠标左键,添加一个关键帧,选择新添加的关键帧,按住鼠标左键并向下拖曳,使音频素材逐渐淡入,如图 4-123 所示。

第 4 步:使用同样的方法,在音频素材的左侧,添加多个关键帧,并移动关键帧的位置,如图 4-124 所示。

图 4-123 添加一个关键帧

图 4-124 淡入音乐

第 5 步：使用同样的方法，在音频素材的右侧，添加多个关键帧，并移动关键帧的位置，如图 4-125 所示。

图 4-125 淡出音乐

6. 导出视频

完成整个电商主图短视频的制作后，可以使用"导出"功能，设置好导出的尺寸和格式，对视频进行导出操作。下面介绍具体的操作方法。

第 1 步：执行"文件"|"导出"|"媒体"命令，如图 4-126 所示。

第 2 步：打开"导出设置"对话框，在"格式"列表框中选择"H.264"选项，在"预设"列表框中选择"匹配源 - 高比特率"选项，点击"输出名称"右侧的文本链接，如图 4-127 所示。

第 3 步：打开"另存为"对话框，修改 MP4 视频文件的保存路径，修改文件保存名称，单击"保存"按钮，如图 4-128 所示。

图 4-126 执行"媒体"命令

图 4-127 修改格式和预设

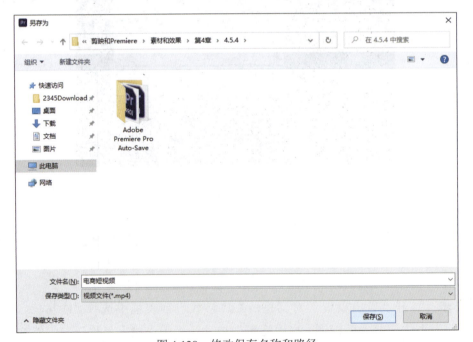

图 4-128 修改保存名称和路径

第 4 步：在"导出设置"对话框的右下角，单击"导出"按钮，打开"编码 总合成"对话框，显示渲染进度，稍后将完成 MP4 视频文件的导出操作。

任务 4.6　短视频发布

制作好短视频后,就可将其发布至短视频平台了。但是在发布之前,需要遵循短视频发布要求,以及掌握导出、发布视频的实操。

子任务 4.6.1　短视频发布的要求

短视频平台虽然很多,但是在各个平台发布视频都需要遵守相应的规则。各个平台发布要求有所不同,但总的来说应遵循以下几点。

(1) 原创性和创意：在制作短视频时,要尽量保持内容的原创性和创意性。突出短视频的特点和亮点,避免过于模仿或复制他人的作品。

(2) 视频质量：要保证视频清晰度高、画面稳定,音频清晰,以提升用户的观看体验。在拍摄和后期处理过程中,可以运用合适的摄影和剪辑技巧来提升视频质量。

(3) 避免违法、暴力、低俗内容：各大短视频平台禁止发布涉及违法、暴力、低俗等内容的短视频。对于不适宜和违禁的内容,平台会进行严格审核和管理,以保障用户的观看环境。

(4) 保护版权和隐私：在上传短视频时,应避免使用他人的影像、影片、音频等,以避免版权争议和法律麻烦。同时,不能泄露他人及社会敏感信息、隐私信息等可能危害到第三方的信息。

(5) 保持内容的一致性：在发布短视频时,应保持内容的一致性和连贯性。避免过于杂乱无章的内容,以增加用户的观看兴趣和黏性。

(6) 优化标题和描述：标题和描述是吸引用户点击观看的关键。选用简洁明了的标题,准确概括视频内容。同时在描述中添加关键词,有助于提高视频在搜索结果中的排名。

(7) 适应不同平台的适应性：不同平台的用户和风格有所差异,发布短视频时需要根据不同平台的特点和用户喜好进行适应性调整。保持内容的一致性,同时注重与平台的匹配,能够更好地吸引用户。

总之,在发布短视频时,需要注意上述要求。这些要求不仅有助于提高视频的质量和可看性,也能够更好地吸引用户并提升视频的传播效果。

子任务 4.6.2　导出与发布视频

在制作好短视频后,即可将其导出并发布。这里以剪映 App 为例,讲解导出视频并发布至抖音平台的操作方法。

观看视频

第 1 步：整个视频制作完成后,在视频编辑界面右上角,点击"导出"按钮,如图 4-129 所示,系统自动跳转导出视频页面,如图 4-130 所示。

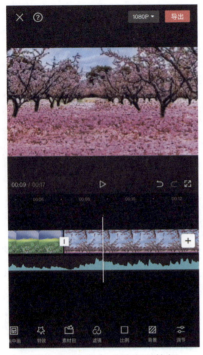

图 4-129　点击"导出"按钮

图 4-130　进入导出视频页面

第 2 步：当导出的进度条为"100%"时，说明视频已保存，可以直接点击"抖音"或"西瓜视频"去发布视频，这里点击"抖音"按钮，如图 4-131 所示。

第 3 步：打开"抖音"主界面，点选添加要发布的视频素材，如图 4-132 所示。

图 4-131　点击"抖音"按钮

图 4-132　选择要发布的视频素材

第4步：进入视频发布界面，保持默认参数，点击"下一步"按钮，如图4-133所示。
第5步：进入视频发布界面，输入标题名称，点击"发布"按钮，如图4-134所示。
第6步：开始发布视频，稍后将显示"发布成功"信息，如图4-135所示。

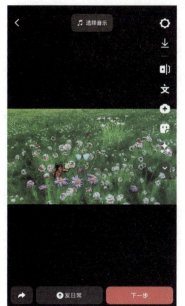
图4-133　点击"下一步"按钮

图4-134　点击"发布"按钮

图4-135　成功发布视频

课堂实训1　拍摄雪山旅游短视频要点

在短视频平台中，有不少的旅游类短视频，其中不乏雪山旅游类的视频内容。雪山旅游短视频有着如下多重作用。

（1）宣传和推广旅游目的地：雪山旅游短视频可以通过精美的画面、生动的音效和创意的构思，向观众展示雪山的美丽风光和独特魅力，从而吸引更多的人前来旅游。这对于旅游目的地来说，是一种非常有效的宣传和推广手段。

（2）增强旅游体验：通过雪山旅游短视频，观众可以在家中或移动设备上观看旅游的过程和景点，从而增强旅游的体验感。这种虚拟旅游的方式可以让用户更加深入地了解旅游目的地，规划自己的旅游路线，甚至在旅游前就已经感受到旅游的乐趣。

（3）促进文化交流：雪山旅游短视频可以向用户展示不同地域和文化之间的差异和特点，从而促进文化交流和理解。通过雪山旅游短视频，用户可以了解到不同国家和地区的文化、风俗和习惯，从而拓宽自己的视野和知识面。

（4）带动相关产业的发展：雪山旅游短视频的制作和传播可以带动相关产业的发展，如旅游业、摄影业、广告业等。这些产业的发展可以为当地带来收益，提高就业率和人民生活水平。

（5）记录旅游回忆：雪山旅游短视频可以作为旅游回忆的记录，让用户在旅游结束后依然能够回味旅游的过程和美好瞬间。这种记录方式可以激发用户再次旅游的欲望，也可以分享给朋友和家人，共同分享旅游的快乐和美好。

那么，在拍摄雪山旅游短视频时，应注意什么呢？

（1）稳定性：由于雪山地形复杂，拍摄时需要保持摄像机的稳定性，避免画面抖动影响观看体验。可以使用三脚架、稳定器等设备来固定摄像机，或者采用手持稳定拍摄技巧，确保画面的稳定性。

（2）构图：在拍摄雪山时，可以采用规则的三分法、黄金分割法等构图技巧，或者根据景点的实际情况进行创意构图，使画面更具吸引力和美感。

（3）光线：在拍摄雪山时，可以利用自然光线拍摄，或者采用补光灯等设备进行补光，确保画面的明亮度和清晰度。由于雪地反光较强，需要注意避免过度曝光。

（4）色彩：在拍摄雪山时，可以通过合理的色彩调整突出景点的特色和亮点。可以利用调色板、滤镜等设备进行色彩调整，或者根据景点的实际情况进行创意色彩搭配，使画面更具吸引力和美感。

（5）音效：在拍摄雪山时，可以采用自然声音、配乐、解说等方式进行音效处理，使用户身临其境地感受景点的魅力和特色。可以利用风声、雪声等自然声音增强视频的表现力和感染力。

（6）创意：在拍摄雪山时，可以通过独特的创意和拍摄手法突出景点的特色和亮点。可以采用航拍、特写、慢动作等创意拍摄手法，或者根据景点的实际情况进行创意构思，使视频更具吸引力和感染力。

下面是一条雪山旅游短视频脚本示例。

开场如下。

（背景音乐：激昂的旋律）

"大家好，我是×××，欢迎来到今天的旅游短视频。今天我将带大家一起探索一个美丽而神秘的地方——雪山。让我们一起来看看吧。"

景点介绍如下。

（背景音乐：激昂的旋律）

"我们来到了×××雪山，这里是一个集雄伟、壮观、神秘于一体的旅游胜地。这里有洁白无瑕的雪地、高耸入云的山峰、清澈见底的湖泊，每年吸引了大量的游客前来观光和探险。"

景点展示如下。

（背景音乐：激昂的旋律）

"现在，让我们来看看×××雪山的具体景点。首先，我们来到了×××山峰，这座山峰高达×××米，是雪山的主峰，也是登山爱好者们的挑战目标。接下来，我们来到了×××湖泊，这里的湖水清澈见底，宛如一颗明珠镶嵌在雪山之中。最后，我们来到了×××雪地，这里的雪地洁白无瑕，是滑雪爱好者们的天堂。"

呼吁旅游如下。

（背景音乐：激昂的旋律）

"×××雪山是一个美丽而神秘的地方，它拥有独特的自然风光和丰富的旅游资源，值得大家前来一探究竟。如果您对我们的景区有任何疑问或者需要进一步的了解，请随时联系我们。谢谢大家的观看，再见！"

课堂实训 2　撰写带货短视频脚本

带货短视频旨在通过视频内容呼吁用户下单购买产品，这里以撰写一条智能家居产品的短视频脚本为例，具体分为如图 4-136 所示的 4 步。

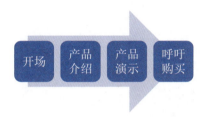

图 4-136　某家居产品的短视频脚本

1. 开场

（背景音乐：轻快的旋律）

"大家好，我是×××，欢迎来到今天的带货短视频。今天我要给大家介绍一款非常实用的产品，它能够让我们的生活变得更加便利和舒适。让我们一起来看看吧。"

2. 产品介绍

（背景音乐：轻快的旋律）

"这款产品叫作×××，它是一款多功能智能家居设备。它不仅可以控制家里的灯光、空调等电器，还可以通过智能语音助手实现人机交互，为您提供更加便捷的生活体验。而且，它的外观设计简约时尚，非常适合现代家居风格。"

3. 产品演示

（背景音乐：轻快的旋律）

"现在，让我们来看看×××的具体功能。首先，它可以通过手机 App 远程控制家里的电器，比如在下班路上提前打开家里的空调，让您回家就能享受到舒适的温度。其次，它还支持智能语音助手，您只需要对它说出您的需求，它就能立刻为您执行。比如，您可以说'打开卧室的灯光'，它就会立刻为您打开卧室的灯光。"

4. 呼吁购买

（背景音乐：轻快的旋律）

"×××是一款非常实用的智能家居设备，它不仅可以让您的生活变得更加便利和舒适，还可以为您节省时间和精力。现在购买还有优惠活动哦，快来抢购吧！如果您对我们的产品有任何疑问或者需要进一步的了解，请随时联系我们。谢谢大家的观看，再见！"

课后作业

1. 简述短视频的价值。
2. 简述短视频的内容构成。
3. 使用剪映 App 为一条风景短视频添加音频、字幕、特效等内容。

项目 5　新媒体直播内容创作

> **学习目标**

- 认识直播的特点和热门直播平台。
- 掌握选择直播设备要点。
- 掌握直播场景布置要点。
- 掌握直播内容策划要点（人设、产品、话术、脚本）。
- 掌握直播引流技巧。
- 掌握常见的直播间玩法活动。
- 掌握直播数据分析思路、方法及指标。

随着以直播为载体的内容营销爆发，直播已经成为新媒体营销的重要手段。要想做好直播，从直播中分得一杯羹，就必须先认识新媒体直播的特点及平台，再结合自身产品、人设等特征选择直播设备、布置直播场景，打造出个性化的直播间。为了提升直播的各项数据，还需掌握直播内容策划、直播引流方法、直播间玩法活动、直播复盘等。

任务 5.1 认识新媒体直播

传统意义上的直播,指广播电视节目的后期合成与播出同时进行的播出方式,如以电视或广播平台为载体的体育比赛直播、文艺活动直播、新闻事件直播等。基于互联网的直播,即用户以某个直播平台为载体,利用摄像头记录某个事件的发生、发展进程,并在网络上实时呈现,其他用户在相应的直播平台上能直接观看并进行实时互动。

子任务 5.1.1 直播的特点与优势

直播是个基于视频的互动社交新模式,也是一个时效性强、互动性强的媒介,更是一个更加直观的营销方式。直播作为一种新兴的媒体形式,以其独特的魅力和优势在互联网时代大放异彩,直播的特点与优势介绍如下。

1. 直播的特点

直播的特点主要体现在以下几方面,如图 5-1 所示。

图 5-1 直播的特点

- 实时性:直播最显著的特点就是其实时性。与传统的视频内容不同,直播内容是即时生成并传输给观众的。这种实时性为观众提供了与主播即时互动的机会,增强了观众的参与感和沉浸感。
- 互动性:直播允许观众通过评论、弹幕、点赞、送礼物等方式与主播进行实时互动。这种互动性不仅能够增加观众的黏性,还能够为主播提供即时的反馈,帮助他们调整直播内容和风格。
- 便捷性:随着技术的发展,直播的门槛越来越低。主播可以使用智能手机、平板电脑等便携设备进行直播,观众也可以通过各种终端设备轻松观看直播,这极大地提高了直播的普及率。
- 多样性:直播内容几乎无所不包,从娱乐、教育到商业、体育,几乎每个领域都可以通过直播来实现。这种多样性使得直播可以满足不同观众群体的需求。

- 可扩展性：直播可以轻松地与社交媒体、电子商务等其他新媒体形式结合，形成跨平台的传播效应。例如，直播可以嵌入到社交媒体中，吸引更多的流量和关注。

此外，直播还具有多样性和个性化。直播内容可以涵盖各个领域，包括娱乐、教育、生活等，主播可以根据自己的兴趣和专长选择直播内容，形成自己的独特风格。这种多样性和个性化使得直播更具吸引力，能够满足不同观众的需求。

2. 直播的优势

直播的优势则体现在以下几方面，如图 5-2 所示。

图 5-2 直播的优势

- 用户黏性强：由于直播的实时性和互动性，观众往往会花费更多的时间观看直播内容，这有助于提高用户黏性和忠诚度。
- 市场反馈即时：直播可以为企业提供即时的市场反馈。通过观众的互动和反馈，企业可以快速了解产品或服务的市场接受度，及时调整策略。
- 成本效益高：与传统的广告和营销相比，直播通常具有更高的成本效益。直播可以减少中间环节，直接与目标观众建立联系，降低营销成本。
- 增强品牌形象：通过直播，品牌可以展示其独特的文化和价值观，与消费者建立更深层次的情感联系，从而增强品牌形象。
- 促进销售转化：直播可以有效地促进销售转化。主播可以通过直播展示产品，解答观众疑问，提供专属优惠，从而激发观众的购买欲望，提高转化率。
- 数据驱动决策：直播平台提供了丰富的数据分析工具，主播和企业可以根据观看数据、互动数据等进行决策，优化直播内容和营销策略。

总之，直播作为一种新媒体形式，具有实时性、互动性、便捷性、多样性和可扩展性等特点，同时也拥有强大的用户黏性、即时市场反馈、高成本效益、增强品牌形象、促进销售转化、跨文化传播和数据驱动决策等优势。掌握这些特点和优势，可以帮助我们在新媒体领域取得更好的成效。

3. 直播的工具

目前直播采用的工具如图 5-3 ～图 5-7 所示。

图 5-3　1080P 摄像头

图 5-4　电容式麦克风

图 5-5　补光灯

图 5-6　反光布

图 5-7　隔音板

子任务 5.1.2　选择直播平台

随着直播营销的火热，直播平台也如雨后春笋一般层出不穷。只有选对了直播平台，并坚持不懈地深耕下去，才可能在直播领域取得理想成果。那么，应该如何选择直播平台呢？首先应该认识几种常见的直播平台，再了解一些具有代表性的直播平台及其生态特征。然后根据自己所擅长的技能，来选择符合自己定位的直播平台即可。

目前市场上的直播平台可以分为综合类直播平台、电商类直播平台、短视频类直播平台和教育类直播平台 4 种类型，如图 5-8 所示。

图 5-8　常见电商直播平台

1. 综合类直播平台

综合类直播平台指包含户外、生活、娱乐、教育等多种直播类目的平台，用户在这类平台上可以观看的内容较多。目前，具有代表性的综合类直播平台有斗鱼、虎牙、YY 直播、花椒直播、映客等。

（1）斗鱼：斗鱼 TV 是一家弹幕式直播分享网站，前身为"ACFUN 生放送直播"，其直播内容涵盖游戏、体育、综艺、娱乐、户外等方面。斗鱼直播作为国内较早的直播平台，在直播市场中占据着一定的地位。早在 2016 年，斗鱼就推出"直播+"发展战略，以发展泛娱乐。

（2）虎牙：虎牙直播是一个以游戏直播为主的互动直播平台，前身是 YY 游戏直播，于 2014 年 11 月 21 日上线，涵盖的内容包括了娱乐、综艺、教育、户外、体育等。

（3）YY 直播：YY 是国内网络视频直播行业的奠基者，成立于 2005 年，并于 2012 年在美国上市。YY 致力于打造全民娱乐的互动直播平台，其直播内容涵盖音乐、科技、户外、体育、游戏等方面，注册用户高达 10 亿人。

（4）花椒直播：花椒直播于 2015 年上线，是一个具有强社交属性的移动直播平台，已有数百位明星入驻。

（5）映客：映客是北京蜜莱坞网络科技有限公司开发的一款直播软件，它开创了"全民直播"的先河，为打造人性化的社交平台做出了突出贡献。映客于2015年5月上线，在6月17日就进入了腾讯应用宝App 5月榜。

2. 电商类直播平台

电商类直播平台主要是指淘宝直播、京东直播、拼多多直播等，这些平台以为用户提供商品营销渠道为主。因为这些平台一般会有一定的基础流量，对商品的销售更有利，所以直播板块常常都依附在购物类平台中。

（1）淘宝直播：淘宝可以说是中国最早开始进行电商直播的平台，这得益于淘宝自身的电商基因，虽然至今仍保持着最大的电商直播交易份额，但坦率来说，淘宝直播并没有建立起非常活跃的直播氛围，这可能是因为淘宝对直播商家的入驻门槛有较高的要求。

（2）京东直播：京东直播主要是针对入驻京东的商家，平台默认所有商家都有直播权限。在京东平台的后台，找到"京东直播"，直接进入即可。也可以通过京东内容开放平台，申请相应权限之后进入京东直播。

（3）拼多多直播：在2019年下半年，拼多多推出了多多直播，只要是拼多多的商家，都拥有直播权限，都可以随时开启直播。另外，拼多多也正在组建自己的直播体系，目前会有较多的发展空间。通过近两年的飞速发展，拼多多在下沉市场有了不小的影响力，随着平台逐渐的成熟化与下沉市场人群的成长，必然会对产品、服务、品质提出更高的要求，对于一些商家来说还会有较大的机会。

3. 短视频类直播平台

短视频类直播平台指以短视频为链接用户与直播的平台，如目前较为火热的抖音、快手、微信直播等。

1）抖音直播

抖音作为目前最火爆的短视频平台，仅仅用了一年时间，就成为日活（每天活跃用户数）4亿的主流App。无论是在街头、地铁、商场，几乎所有的场景，都能看到有人在使用抖音，作为一款现象级产品，同时又天生带有直播基因，走上直播之路，也是水到渠成的。目前抖音的电商业务主要以短视频、直播带货为主。

众所周知，抖音之所以赢得了用户的青睐，主要是依靠短视频。抖音通过"短视频聚粉，直播变现"这样一条快捷而简单的途径变现。但在直播火爆的2019年，抖音并未把直播作为主要的变现途径，而是试图通过短视频链接商品的形式，以内容对用户进行种草，虽然可以通过建立多账号，运用矩阵带货的模式，但这种带货模式很难让大部分创作者掌握。2019的下半年，被快手的直播所碾压。于是，在2020年，抖音开始大力布局直播带货，成功签约罗永浩、董明珠等名人的直播首秀，同时也成立电商部门，专门推动直播的发展。

目前抖音的直播权限开通非常简单，只要年满18岁以上的成年人，都可申请开通直播功能，与电商平台不同的是，抖音平台开通直播功能后，还需要开通商品橱窗功能，才可以在直播中售卖产品，如果要开抖音小店，就必须提供企业营业执照。

2）快手直播

快手是由快手科技开发的一款短视频工具，可用于直播和记录生活。快手的前身"GIF 快手"，诞生于 2011 年 3 月，是一款集制作、分享 GIF 图片功能于一身的手机工具。2012 年 11 月，快手转型为短视频社区，旨在用于记录和分享生活，并于 2014 年 11 月正式改名为"快手"。2016 年 2 月，快手总用户数突破 3 亿。也就是说，在抖音上线之前，快手已经有了 3 亿用户，其地位一直领先于其他平台。快手没有热搜榜，也不是一个围绕网红、达人去运营的平台，它以记录用户生活为主，并希望用户上传更多生活中的感悟。

3）微信直播

微信直播是指一款以微信生态圈为入口的直播平台，微信用户不用下载 App 就可以进入直播间，并且也能在直播间完成购买商品的操作。微信用户直接点击微信发现页面的"直播"按钮，即可进入直播页面。在微信直播中，用户一样可以提问、购买商品。

4. 教育类直播平台

教育类直播平台如网易云课堂、千聊、荔枝微课、小鹅通等。教育类直播平台支持知识分享者采取视频直播或语音直播的形式与用户分享知识，在直播过程中，知识分享者可以与用户进行实时互动，针对用户提出的一些问题进行在线解答。

任务 5.2　打造个性化的直播间

工欲善其事，必先利其器，有了专业设备和巧妙的直播间布置，才能把主播丰富多彩的技能更好地展现给用户。这里通过选择直播设备及直播场景布置技巧，来讲解如何快速打造个性化的直播间。

子任务 5.2.1　选择直播设备

电脑、手机及宽带是连入网络世界的基础设备。除此之外，还需要配备音频硬件、布光设备、隔音设备及其他辅助设备等。

1. 基础硬件：电脑与网络

在选购电脑时，主流配置的机型就足以满足直播需求，但对于游戏主播而言，在直播过程中需要通过直播软件转码游戏画面再输出，整个过程对电脑的 CPU 和内存性能的要求更高。手头宽裕的主播，在选购时可以选择性能高、价格稍高的电脑，以此保证直播画面的流畅性。

面对众多的网络宽带服务，又该如何选择呢？网络直播中涉及的网络带宽与电信营业厅宣传带宽不同。平时常见的 50Mbit/s、100Mbit/s 宽带是指下行的网速，而做直播更多的是把本地的数据上传到网站，对于上传带宽要求更高，因此在申请宽带前必须先详细了解其上传带宽。宽带选择不好，容易造成直播卡顿。所以，主播需要选择性价比较高的宽带来支持直播工作的。在资金充裕的情况下，建议直接开通电信宽带。

2. 音频视频硬件：高清摄像头与电容麦克风

有了基础的硬件设备，接下来还需配备摄像头和麦克风，把主播更好的一面展现给用户。

1）摄像头选购

摄像头是影响直播画面质量的重要因素。一款好的摄像头能够起到美化皮肤、增强视频效果的作用。通过调节或更换摄像头，主播的整体人气会得到质的提升。目前，市面上常见的摄像头主要是高清摄像头和红外线摄像头。高清摄像头指的是分辨率为 720P 或者 1080P 的摄像头如图 5-3 所示。其中 1080P 又称为全高清。与普通摄像头相比，高清摄像头有更强的光谱矫正能力，可以更好地避免图像的虚化，更加真实地呈现画面内容。但是高清成像可能会把面部的痘痘和雀斑照得很清楚，而且面部也可能会显现出颜色暗淡、憔悴的状态。这时可以考虑红外摄像头，它能自动补光，提高肤色光泽度，让肌肤看起来像婴儿般的细嫩，也能掩饰面部痘痘和雀斑。

另外，也有部分主播使用手机直播，但手机镜头在拍摄外景时可能达不到理想状态。这种情况下，可以在购物平台购买手机专用的外置摄像头。

2）选购麦克风

动听的声音总能给人带来愉悦。有的人本来声音很好听，但由于音频设备的问题导致输出的声音发生了变化，就有些得不偿失了。所以，在开播之前应该选购一款质量好的麦克风，至少能够保证真实地还原声音。在日常生活中，常见的话筒类设备有耳麦、USB 麦克风、小型采访式麦克风、电容式麦克风等如图 5-4 所示。市面上麦克风的品牌和种类有很多，价格和参数也各不相同。不同类别的主播在选购麦克风时也有差异。

对于游戏主播而言，展现面部的窗口比较小，选择一款音质好的麦克风即可。耳麦由于价格低廉、使用方便，所以使用较为广泛。但是耳麦对声音的还原不太好，部分对音质要求高的游戏主播也会选择其他的麦克风，例如动圈式麦克风或电容式麦克风。动圈式麦克风利用声波去推动振膜，然后振膜带动线圈，利用磁力线的改变产生微弱的电压。在音质方面，动圈式麦克风能够满足演出现场背景音较大且音响较为剧烈的室外环境使用。

对于需要在直播间唱唱跳跳的娱乐类主播而言，耳麦和动圈式麦克风都达不到理想状态。因为普通的麦克风容易产生延迟，在拾音范围、灵敏度和音质方面都达不到要求。所以，这类主播常使用电容式麦克风。电容式麦克风是利用电容充放电原理，将导体间的静电压直接转换成电信号。适合于对音质清晰度、声音还原度有较高要求的情形，如背景噪声较低的音乐厅、剧院、个人录音室、录音棚等。

另外，如果是耳麦，直接戴在头上即可，但如果是动圈式麦克风或电容式麦克风则需要拿在手中。很多主播在直播中需要介绍商品、表演肢体动作，无法一直手持麦克风。所以，主播还需要购买麦克风支架。常见的麦克风支架分为桌面、悬臂式和落地式三种，价格也各不相同。

娱乐类主播如果要达到更好的音质，还可以配备声卡。声卡和麦克风一样，是决定声音质量的重要因素，只有当两者都达到一定的等级时，才能够保证生成出高品质的声音。可供主播选择的声卡分为内置和外置两种。就价格而言，内置声卡通常比外置声卡便宜；但在功能方面，外置声卡经过不断创新，比内置声卡更具优势。主播可根据自己的实际需求选购相应声卡。

3. 布光设备：补光灯、反光布

一个好的直播间除了有适当的装饰和合理的布局外，灯光布置也非常重要。合理的灯光布置能够有效提升主播的整体形象，展现商品或品牌的亮点，烘托直播间的氛围。因此，布置直播室离不开灯光。为了让灯光起到更理想的效果，还需要使用反光布、遮光板等设备。

1）灯光的组合

很难看到直播间只有一个照明设备的情况。因为单个光源，无论从哪个方向照明，都有阴影，而且有的阴影可能会丑化镜头里的主播。所以，直播间的灯光往往需要最优组合。

很多直播间会选择 25~40W 之间的 LED 暖灯或者暖白灯作为直播间的光源，如图 5-5 所示。特别是部分直播间，布置了多个光源，灯光非常自然，不存在太暗或太白的情况，还能营造出理想的意境。就摄影灯而言，需要一白一黄两种灯型。白光灯用于增强光线效果，黄光灯用于柔光补充。例如，白光灯主要用于照明整个直播间，而对称布置的黄光灯用于照亮主体（主播）和消除阴影。

2）反光布

反光布一般布置在位于主播正面的墙上，把直射光变成柔和的漫射光，如图 5-6 所示。也有的主播直接购买柔光箱、柔光罩。具体的布光需要根据直播间的大小、产品特点而定。眼神光指的是反射到人物眼睛里出现的反光点。眼神光反映着主播的内心活动和情感，适宜的眼神光使得主播表情更生动。

4. 隔音设备：隔音板与隔音条

很多主播对于噪声深有体会，一方面，直播间的粉丝反映主播声音过小，但主播又怕提高音量会影响他人；另一方面，直播间粉丝如果反映主播周围的声音过于嘈杂，则会影响直播效果。虽然实体墙面和门窗能阻挡噪声，但对于一些娱乐类主播而言，可能需要播放音乐和设置特效，而直播时间又多在晚上，这就难以避免对他人造成影响。想要解决这个问题，主播需要购置隔音设备，例如隔音玻璃、隔音板及隔音门帘等。隔音板具有独特的吸音、隔热、阻燃、耐高温、质轻等综合性能，在京东、淘宝等平台均有售，价格适中，使用方便如图 5-7 所示。如果给墙体都粘贴了隔音板，则噪声有可能从门窗传播，可以购买隔音条解决。部分主播也可以选购隔音门帘、隔音玻璃来隔音。总之，在降低外界噪声的同时，也要使自己对他人的影响降到最低。

5. 户外直播设备：手机、网络、电源及辅助设备

与室内直播相比，室外直播无须布置直播间，也不用购买那么多专业的视频、音频设备，看起来成本要比室内直播少。但实际上，室外直播需要解决网络、电源以及防抖等问题，也需要购买一些专业设备。

1）手机或笔记本电脑

很多户外主播都选择手机和笔记本电脑作为直播的设备，其中手机更为常见，只有少数对画质和音效要求十分高的直播会选择笔记本电脑。不管是选择手机还是笔记本电脑，都需要强大的 CPU 支持，才能满足直播过程中的高编码要求，还要解决直播软件的兼容性问题。部分主播使用手机直播，智能手机从几百到几千元价格不等，具体要根据主播的经济状况来选择。前期可以直接使用原来的手机做直播，等资金充裕时再替换更高性能的手机。目前，较多的户外主播会选择品牌旗舰手机来进行直播。如苹果、华为和小米等。另外，由于手机直播的屏幕在计算机上显示时较小，对于街头采访等更适合使用笔记本电脑。对主播而言，购买笔记本电脑时，除了价钱和品牌的外，还需考虑笔记本电脑的性能、内存、分辨率以及续航能力等。

2）网络

无论是室内直播还是户外直播，网络都至关重要。网络不稳定，频繁出现卡顿问题，用户自然就流失了。尤其是风景秀丽的自然景观，普通网络很难支撑直播视频的流畅性。为解决这一问题，主播必须找到信号稳定、网速快的流量卡，同时又要考虑到费用问题，就需要找到流量充足又价格合理的流量卡。

由于各个地区的资费不一，具体的流量卡选择可通过咨询当地运营商后再决定。在直播初期，主播如果不确定网速情况，可购买两种以上的流量卡（例如同时购买电信和移动的流量卡）来进行测试，找到信号、网速都具有相对优势的流量卡。

另外，主播也可以选购便携式 Wi-Fi。目前已有多款便携式 Wi-Fi 具有续航长、信号强等优点。例如，某款华为旗下的便携式 Wi-Fi，可以显示电量、信号强度、运营商信息及具体流量使用情况等。支持全网 4G 网络，可同时连接 16 个设备，传输速度为 2Mbit/s。某款小米旗下的便携式 Wi-Fi，同时还是一个移动电源，可以为数码产品（如手机、笔记本电脑）充电。

3）电源

解决了网络，还有电源的问题需要解决。待机时间再长的手机和笔记本电脑，也难以

支撑长时间的直播。为解决这一问题，主播可以选购充电宝或户外电源。如户外直播时间短的主播，可多选购几个充电宝。需要长时间直播的户外旅游主播，可以选购户外电源。户外电源可为笔记本电脑、手机、单反相机等设备充电。另外，某些户外电源除了提供常规的市电充电和车充充电外，还支持太阳能板充电，特别适合长期在户外直播的主播。

4）辅助设备

为了呈现更好的直播效果，主播还可以考虑手持麦克风、自拍杆等设备来优化直播画面和音质。在户外直播过程中，为了减少噪声，主播可以使用手机自带的麦克风，这是最节约资金的提升音质的方法。也有主播使用迷你手持麦克风，能在周围的嘈杂声音中起到一个定向作用，加大拾音的灵敏度。很多人在拍摄时，都会出现因手抖而导致的画面效果不佳。为解决这个问题，主播可以选购手机稳定器。部分需要户外直播的娱乐类主播，也可购买一个补光自拍杆，在直播中为主播提供光源，提亮直播环境。

子任务 5.2.2　直播场景布置

直播间是连接主播与用户的中转站，大部分用户对主播的印象都是从主播的外貌和直播间布景中获得的。因此，直播间布景也至关重要。

1. 室内直播布景

直播间的布景多种多样，比如淡雅小清新、雍容华贵、简约简单、严肃正式等。主播应根据直播内容来确定具体的布置方式。这里以常见的美妆类直播间及服饰类直播间布景为例，讲解室内直播布景要点。

1）美妆类直播间

直播场地的大小基本都在 5~20m²，具体大小根据产品特点来确定。例如，美妆类直播间的产品镜头一般停留在 1~2 个人的面部，10m² 足够。如图 5-9 所示的美妆直播间，主要由一名主播露脸展示美妆产品，背景则选取了琳琅满目的美妆展示柜，给人留下直播间内美妆产品多、种类齐的印象。

2）服饰类直播间布景

如果是服装产品的直播，镜头须由近到远地展示各类产品及模特穿搭效果，一般需要 15m² 左右的场地。例如，某服饰类直播间不仅可以看到主播试穿服装的效果，还能近距离查看服装细节，让用户更全面地了解服装，如图 5-10 所示。

另外，服饰类主播在选择直播场地时，须提前测试场地的隔音效果及回音效果，保证直播期间的语音正常输出。

图 5-9　某美妆类直播间

图 5-10　某服饰类直播间

其他室内直播布景时，主要考虑直播间想呈现的直播效果即可。在布置直播间时，如果面积和预算有限，则可以考虑购买背景墙布来做背景。背景墙布和传统壁纸、版画不同，可称得上是艺术与装饰的融合，其灵动性能给人营造一种立体真切的感觉。使用背景墙布来装饰直播间的最明显优势在于节约成本。在网上购买墙布的主播为避免出现和其他主播间同一背景的尴尬，可以提前和商家沟通，在背景墙布中加入自己特有的元素，如主播名称、个人标签等。

2. 室外直播布景

与室内直播相比，室外直播时虽然不需要过多装饰。但户外直播的选景也很有学问，必须选择与直播内容相契合的场景，才能对直播起积极作用。例如，某生鲜产品的抖音直播间，主营猕猴桃。当主播在介绍猕猴桃这一产品时，选择来到猕猴桃种植地，如图 5-11 所示。这样的直播场景，主要是让用户直观地看到猕猴桃的生长环境以及蜜蜂围着猕猴桃飞的场景，

图 5-11　某农产品直播间截图

突出猕猴桃种植环境好、甜度高等特色，激发用户的购买欲望。

室外直播布景还应考虑美感，用户都喜欢美好的事物，故应选择风景好的镜头，才能吸引用户围观。除了选择与直播内容相契合的景色外，主播还应注意风格的统一性。例如，某街头采访直播，应选择不同的热闹街头，营造更真实、更热闹的采访氛围。

任务 5.3　直播内容策划

想要提升直播间的人气和商品销量，需要提前做好内容策划，包括人设策划、直播产品策划、直播话术策划及认识直播的基本流程、设计直播脚本等。

子任务 5.3.1　人设策划

人设策划主要就是打造主播的人设，这一步骤对直播带货而言起着决定性的作用，人设越清晰，粉丝对主播的记忆力越强。例如，甲主播和某某演员长相相近，并且歌声动听；乙主播外貌不出众，但歌喉惊人地好；丙主播性格爽朗，像女汉子，衣品很是讨喜等。以上都是主播的一些明确人设，从这些具有特征的标签词里可以看出明确的人设具有很大的优势。

（1）吸引精准用户：主播的人设决定了他能吸引到什么类型的用户。例如，让一个看起来弱不禁风的男生或女生来做美食类主播，无法营造出食欲满满的感觉，容易被用户认为在假吃，从而得不到关注和好评。

（2）提升关注度：主播的人设越强，越具有吸引力。例如，同样是美妆博主，如果主播的化妆前后效果对比强烈，就能快速抓住用户的目光，自然会有更多人关注。所以，主播要通过人设来体现出自己和其他同类主播的区别，提升被关注的可能性。

（3）提升互动和停留时间：主播人设越强，粉丝在直播间停留的时间就可能越久。只有在主播的风格受到用户喜欢时，用户才更愿意和主播进行互动。

（4）提升转粉和流量：人设是主播自我风格的延伸和拓展，观众喜欢主播的风格才可能关注他。一旦人设出现问题，则主播的流量也会不稳定。

主播在塑造人设时，可以参考如图 5-12 所示的 SRIL 法则。

图 5-12　SRIL 法则

（1）优势分析 S：在优势分析方面，主播可以从硬件和软件方面去剖析自己。硬件是短时间内很难改变的一些东西，如身高、体重、身材、外貌、宗教信仰、所处的地理环境等；软件方面，则指可以通过一定的努力去获得的沉淀优势，如专业知识、技能、才艺等。

（2）风险分析 R：分析直播中可能会遇到的风险，如法律、道德、价值观等。这也要求主播细读行业规则、平台规则，不触犯法律和规则。同时，主播售卖的产品，在不违反交易规则的前提下，还要注意质量，不然会影响到用户对主播的信任。

（3）识别度分析 I：主播在人设确定过程中，需要分析自己的人设是否有辨识度。辨识度高的主播，更加容易得到用户的关注。主播可以对比自己与同专业领域的其他主播，找到自己和她们在各方面的异同，如直播场景、风格、形象、声音等。

（4）变现能力分析 L：主播在人设塑造过程中，要评估自己的带货能力，并根据人设标签来预估变现能力以及后期是否有商业合作的价值。

对于已经有用户基础的主播而言，都已经有了自己的人设。那么，新手主播应该如何设定自己的人设呢？主要根据主播的昵称、头像、简介以及直播中常用的口头禅等。

子任务 5.3.2　直播产品策划

各色各样的直播间都在售卖产品，可是什么产品更适合自己的直播间呢？这需要从用户画像、匹配度等方面出发，做好产品策划。

1. 分析用户画像

"用户画像"的概念最早由阿兰·库珀提出，他认为用户画像是真实用户的虚拟代表，是建立在一系列真实数据之上的目标用户模型，将目标用户多方面的信息收集之后拼接组合在一起，就形成了用户画像。用户画像主要包括用户的性别、年龄、地域、兴趣、购物偏好、消费承受力等，主播在选品时要判断商品是否符合用户画像的描述。因为不同的用户群体，其需要的商品类型不同。主播可在平台后台或借助数据分析工具（如飞瓜数据），来查看用户相关的数据，如性别、年龄、地域、消费习惯等。图 5-13 所示为某美妆达人的部分用户特征信息。

图 5-13　某美妆达人的部分用户特征信息

只有足够了解自己的用户群体以及他们的相关属性，才能选择适合他们的商品进行推荐，进而提升直播间的转化率。例如，某主播的用户主要以女性人群为主，但该主播却在一场直播中推荐了大量的男性商品，结果这场直播的销售数据相当惨淡。所以，主播千万不要盲目地认为自己的用户什么商品都会购买，对用户画像进行认真分析后，再根据用户人群的相关属性来选择自己直播的商品。

2. 看匹配度

根据短视频平台（如抖音）的算法机制和智能推荐，系统会给每个账号和用户都贴上相应的标签。比如，如果用户经常给美食类的视频点赞、评论，那系统可能会判定她对美食类内容感兴趣，继而给她推荐更多美食类视频作品。

同理，系统也会给作品打上"美食""旅游""搞笑""颜值"等标签，并将作品推荐给喜欢这一标签的用户，进而带来更多精准流量，也更有利于作品上热门和账号涨粉、变现等。表 5-1 罗列了抖音热门标签及所含内容方向，供大家参考。

表 5-1 抖音热门标签

标签名称	所含内容方向
职场	办公技能、演讲口才、职场思维
教育	语言教育、学科教育、职业教育、亲子教育
时尚	美妆、穿搭、美容、减肥、塑形
体育	运动健身、瑜伽、跑步、健身食疗
生活	美食、旅游、玩乐、好物分享、开箱测评
娱乐	唱歌、跳舞、搞笑、随拍
情感	鸡汤、心理、励志故事

不管是达人主播还是商家主播，推荐的商品都要与主播的人设标签相匹配。主播在选择直播平台时，一定要把握好自身的定位。

3. 结合热度

很多主播在选择直播的商品时，都会以销售经验和自我喜好为标准进行选择，但这不一定符合市场原则。其实，大多数受用户追捧的商品，都是市场上的热销爆款商品。所以，主播在选择直播的商品时，建议多查看各类热销商品排行榜，尽量选择排行榜靠前的商品进行直播，这些商品一般大多数用户都能接受。例如，飞瓜数据平台提供的"抖音商品榜"中，可以查看近期热销商品的具体信息，如商品排名、名称、价格、销售额、抖音销量等，如图 5-14 所示。

同时，与短视频贴合热点的逻辑类似，直播带货商品的选择也可以贴合热度。主播平时要多关注名人的微博或微信公众号，这样当这些名人被电商平台或商家邀请做直播时，主播可以及时看到他们发布的预热文案，从而做好应对的准备，只要抓住机会，就能抓住巨大的商机。

图 5-14 飞瓜数据中的"抖音商品榜"

4. 高性价比

用户之所以喜欢在电商平台购物，其根本原因除了方便快捷外，价格便宜也是重要因素之一。特别是在直播中，如果能突出一个商品的高性价比，自然更能引发用户的购买欲望。在直播中想要突出商品的性价比，可以将直播商品与同类商品相比较，看看自己推荐的商品在功能、卖点以及价格等方面有什么优势，然后再将其一一罗列出来告诉用户。

5. 亲自体验

为了对用户负责，主播在直播间推荐商品之前，最好亲自体验一下要推荐的商品，这样才能知道它到底是不是一款好商品，是不是可以满足用户的需求，以及它有哪些特性，如何使用，如何推荐等。尤其是主播原本不熟悉的商品，主播更要事先对商品的性能、使用方式有所了解，以预估直播过程中可能会发生的突发状况，并提出解决方案，以减少直播中的失误。

子任务 5.3.3 直播话术策划

很多主播都可能遇到过这些问题：不知道说什么，不知道如何与粉丝交流，不知道如何介绍产品，不知道如何回复粉丝的问题。其实，这都是没有掌握一些直播的话术。优秀的话术可以挖掘出用户的核心需求，快速引起用户的注意和兴趣，打消其顾虑，激发其购买欲望，促成其下单购买。直播话术又包括开播话术、留人话术、互动话术、催单话术以及下播话术等。

1. 开播话术

在开始直播或有大量新用户进入直播间时，可用欢迎话术开场。例如，点明主播主题的开播话术，可以明确地向观众传递出主播要直播的内容，能让用户对接下来的直播有一个清晰的认知和期待。例如："主播每天 20 点都会分享手工技巧，喜欢主播的宝宝可以将直播间分享给朋友！""欢迎 XXX 来到直播间，希望我的歌声能吸引你留下哦！"。

2. 留人话术

直播间的人气至关重要，如何留住更多用户，也是众多主播关心的问题。用户是直播带货变现的前提，吸引更多用户互动、关注也是直播的重点，带货主播可以了解一些引导互动关注的话术,并将其灵活应用,如"姐妹们,今天的秒杀品是……,不仅产品给力,价格更给力,错过就不知道要等多久了,一定要等等啊"。

3. 互动话术

在直播过程中,与用户的互动可以拉近距离,同时也能通过互动得到一些用户反馈,故主播还应掌握一些直播互动话术。例如,用强调福利来引导关注"新来的朋友们,左上角有福袋,点点关注点点赞参与抽奖哦"。

4. 催单话术

很多用户在了解产品后仍然有所顾虑,卡在下单环节,此时如果主播用好催单话术,可以临门一脚促成订单。例如,用"这条裙子我穿了两年,百搭又好看,洗完不起球,关键是显得腿巨长,想要吗?"来突出裙子显瘦、显高、质量好,吸引用户下单。

5. 下播话术

在临近下播时,需要一定的话术来给用户留下积极印象,从而吸引用户关注账号。例如,用"谢谢大家,希望大家都在我的直播间买到了称心的商品,点击"关注"按钮,明天我们继续哦!"来表达对用户的感谢之心,引导用户关注账号。

子任务 5.3.4　直播的基本流程

在开启一场直播之前,直播运营团队要对直播整体流程进行规划和设计,以保障直播能顺畅进行。常见的直播流程如图 5-15 所示,涵盖了 6 方面。

图 5-15　直播的基本流程

1. 写方案:将抽象思路具体化

俗话说,不打无准备的战,在开启一场直播之前,必须先写好直播方案,将一些抽象思路具体化。如表 5-2 所示,直播方案要点包括直播目标、直播简介、人员分工等。

表 5-2　直播方案要点

直播方案要点	说　　明
直播目标	明确直播需要实现的目标、期望吸引的用户人数等
直播简介	对直播的整体思路进行规划与描述,如直播形式、直播平台、直播特点、直播主题等
人员分工	对直播运营团队中的人员进行职责分工

续表

直播方案要点	说　　明
时间节点	明确直播中各个时间节点，如前期筹备时间点、宣传预热时间点、直播开始时间点及直播结束时间点等
预算	规划整场直播活动的预算情况，做到心中有数

2. 做宣传：做好直播宣传规划

直播有时间限制，不像传统的图文营销那样可以不限时、不限次数地查看。因此，要利用好直播的时间段，让营销效果达到最大。这也要求大家在开启直播之前，做好宣传规划工作，如选择合适的宣传平台、选择合适的宣传形式、选择合适的宣传频率等。

常见的宣传平台包括热门社交平台，如微博、微信公众号、抖音、快手等；具体的宣传形式则可以是图文，也可以是视频。至于具体的频率则需要结合实际情况而定。例如，某知名主播在微信公众号发布的直播预告中详细说明了直播主题、开播时间等内容，如图 5-16 所示。

图 5-16　某知名主播在微信公众号发布的直播预告

3. 备硬件：筹备直播活动硬件

直播离不开硬件设备的支持，如一场直播的场地选择、直播设备选择及直播辅助设备选择等。具体的硬件内容，将在后续章节中详细讲解。

4. 开直播：直播的执行

在开启直播前，需要对直播执行环节进行拆解，分析各个环节的操作要点如下。

（1）直播开场：通过开场互动让用户了解本场直播的主题、内容等，使用户对本场直播产生兴趣，并停留在直播间。

（2）直播过程：借助营销话术、发红包、发优惠券、才艺表演等方式，进一步提升用户对本场直播的兴趣，让用户长时间停留在直播间，并产生购买行为。

（3）直播收尾：向用户表示感谢，并预告下场直播的内容，引导用户关注直播间，将普通用户转化为直播间的忠实粉丝；引导用户在其他媒体平台上分享本场直播或本场直播中推荐的商品。

5. 再传播：二次传播，放大直播效果

流量是直播的基础条件之一，只有无限放大直播的影响力，才有可能吸引到更多的用户关注。因此，即使是在结束一场直播后，也可以将直播进行二次传播，放大直播效果。例如，很多主播、商家会将直播录制成视频，分享在各大社交平台，其目的就是再次传播。如图5-17所示，为某直播账号将录制的直播内容分享在新浪微博的截图。

图5-17　某直播账号将录制的直播内容分享在新浪微博的截图

6. 做复盘：直播后经验总结

在直播营销中，复盘就是直播运营团队在直播结束后对本次直播进行回顾，评判直播营销的效果，总结直播的经验教训，为后续直播提供参考。

子任务5.3.5　设计直播脚本

一场直播成功与否，决定性因素是主播的内容输出。只要直播的内容有特色，就很容易吸引人。那么，如何打造一场成功的直播呢？撰写优质的直播脚本是关键因素之一。

脚本，使用一种特定的描述性语言，依据一定的格式编写的可执行文件，又称作宏或批处理文件。这里可以把脚本理解为电影、电视的剧本，用于引导导演、演员协同合作完成一个好作品，得到广大观众的认可。特别是对主播而言，任何一场直播都应该有备而来，提前策划好直播脚本，提高直播效果。

有直播脚本的主播在推荐某一款产品时，能在短短几分钟内说明产品的亮点打动用户，并加以一定的福利活动刺激用户下单。整个过程行云流水，可以说主播卖得开心，用户也买得开心。而有的主播，透过镜头循环往复地重复商品卖点，却得不到什么销量。所以，主播想做好直播，必须会策划直播脚本。生成正常直播脚本，须结合产品、粉丝、营销策略、时间维度等多方面。每一场直播都应该有其相应的主题、目标粉丝以及预算等内容，如图5-18所示。

图 5-18　直播脚本的主要内容

1. 确定直播主题

从一场直播的需求出发，去策划直播主题，例如产品上新、清仓处理等。如果主播每天都直播，也应该策划相应的主题，如从用户的喜好或实时热门事件入手。例如，在2020年初，微博流行淡黄色的裙子穿搭，主播就可以策划一场"盘点人气淡黄色裙子"的主题直播，吸引用户眼球。部分主播为了让直播形成规律化，为特定日期策划了固定主题的内容，如周一和周五是上新日、周二和周四是大促日、周三为茶话会等。

2. 找准目标用户

不同的用户兴趣爱好不同，其在线时间也不同，所以，主播在策划一场直播时，需要根据直播主题和目标用户来策划直播的时间和内容。例如，一名宝妈的直播间，其主要粉丝是同年龄段的宝妈们，那直播的时间就应该避开早上。因为很多宝妈早上起床需要整理家务，给宝宝准备辅食，处于忙碌的状态，看直播的可能性很小。在直播内容方面，多交流育儿经验，以吸引宝妈们的关注。

3. 控制直播成本

很多主播不免发问，直播间需要控制成本吗？答案是肯定的。而且，这里的成本控制主要体现在发放优惠券、抽奖礼品以及产品折扣等方面。部分主播为了增大直播间的吸引力度，特意推出多重优惠或大幅降价的活动，虽然人气确实有所增加，但成本计算下来属于持平或亏损状况就得不偿失了。故主播在策划一场直播时，需要从实际出发，充分考虑直播的成本。

4. 确定直播节奏

直播节奏主要指策划直播时长及时段里的大致内容。例如，一场直播的时长为6小时，在这 6 小时中需要做完哪些事，以及哪个时段里完成哪些事，都要体现在直播脚本中，避免主播临时找话题，为了直播而直播，效果肯定不好。另外，主播还需要提前安排好直播中需要做好哪些操作，如上新、抽奖、发放优惠券等。无论主播是一个人还是一个团队，都要提前做好分工及工作规划，确保各项工作顺利开展。

任务 5.4 直播引流

流量是销量的前提，想要提升直播间流量，需要熟悉直播间流量入口，并掌握常见的引流技巧，如付费引流、短视频引流、连麦引流等。

子任务 5.4.1 直播间流量入口分析

要想获得更多平台流量，就必须认识这些流量入口。以热门直播平台抖音为例，常见的直播间流量入口主要包括直播推荐、商城、关注等频道以及直播榜等。

1. 直播频道

抖音 App 有多个频道，常见的如推荐、购物、关注、经验以及城市等。除了这些频道外，抖音还有直播、热点、学习等频道，想要打开这些频道，需要在最左侧的频道下进行选择。例如，用户点击"直播"按钮，即可切换到直播频道，看到系统推荐的直播间信息，如图 5-19 所示。直播频道展示的直播间多以用户平时常看或感兴趣的为主，也有少部分特别热门的直播间。

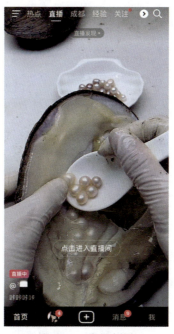

图 5-19　直播频道

2. 推荐频道

抖音 App 的"推荐"页面不仅会推送一些视频，还会推送直播间。如图 5-20 所示，抖音用户在浏览"推荐"板块的视频时，会刷到一些推荐的直播间。

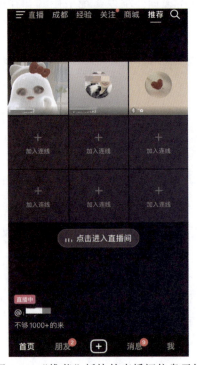

图 5-20 "推荐"板块的直播间信息示例

抖音"推荐"页面的视频和直播都是根据系统千人千面计算后进行推送的。以上述的男装直播间为例，用户之所以能得到系统的推送，是因为平时浏览了与男装相关的内容。

3. 商城频道

抖音的"购物"频道，不仅可以查看用户自己的订单信息，还有很多利于用户转化的内容，如品牌馆、低价秒杀、直播精选等，如图 5-21 所示。用户可点击"直播精选"进入更多直播页面。

图 5-21 "商城"频道页面

通过"商城"频道进入的直播间页面又包括"关注""直播精选"及"带货榜"等板块。"关注"板块主要展示的是用户已关注并且正在直播的账号,这部分流量属于私域流量,需要以用户关注为前提。

"直播精选"页面展示的直播间,则是用户平时感兴趣的直播内容或热门直播内容。例如,某用户平时关注生鲜水果方面的内容较多,则直播精选推送的多是杧果、柚子等与水果相关的直播间,如图 5-22 所示。

图 5-22 "直播精选"推送的直播间示例

"带货榜"直播间则是系统根据实时带货情况,得出的带货榜排名情况,带货越多的直播间排名越靠前,如图 5-23 所示。

图 5-23 "带货榜"板块示例

4. 关注频道

"关注"频道与购物频道里的"关注"板块类似,都是抖音用户平时已关注并且正在直播的账号，如图5-24所示。通过这个渠道进入直播间的前提是关注账号，因此在平时的账号运营中，就要注重引导用户关注，否则用户无法通过该渠道进入直播间。

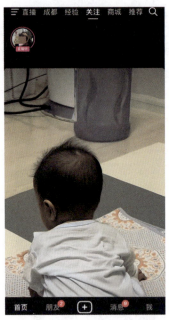

图5-24　通过"关注"板块进入直播间示例

5. 搜索结果

抖音平台用户也可以通过搜索关键词，选择"直播"选项，查看与之相关的直播间。例如，在抖音搜索框中输入"水果"，选择"直播"选项，即可查看与水果相关的直播间信息，如图5-25所示。

图5-25　通过搜索结果进入直播间示例

6. 直播榜

抖音平台提供多个榜单数据，如"同城榜""直播榜""音乐榜"等。用户可以通过"直播榜"查看实时人气直播间，如图 5-26 所示。通过该榜单，可以进入感兴趣的直播间。

综上所述，抖音直播间流量入口呈多样化，其中不乏需要私域流量的"关注"频道，以及需要优质数据支撑的"带货榜"和"直播榜"等。直播间要想获得流量，可从多方面入手，如多引导用户关注账号，提升直播间带货数据，提升直播间人气等。其他平台的流量也是如此，先要找到直播流量入口，再分析流量特点，并根据特点策划内容，获得流量。

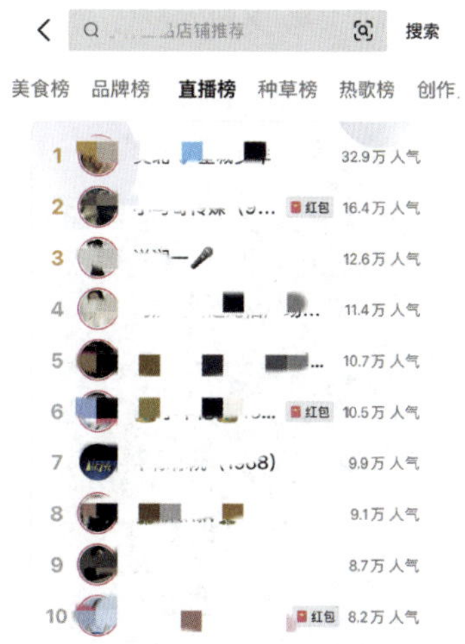

图 5-26 直播榜板块示例

子任务 5.4.2 付费引流

直播付费引流是指通过投入一定的资金来吸引观众进入直播间，从而增加直播间的流量和人气的方法。以下是一些常见的直播付费引流方法。

- 广告投放：利用各大平台的广告系统进行付费投放，包括搜索广告、信息流广告等。这种方式可以精准定位目标用户，将直播信息展示给潜在观众，吸引他们点击进入直播间。
- KOL 或网红合作：与拥有大量粉丝的网红或关键意见领袖（KOL）进行合作，邀请他们参与直播或进行直播推广。通过他们的影响力和粉丝基础，可以迅速吸引大量观众进入直播间。
- 付费推广工具：一些直播平台提供了付费推广工具，如抖音的 DOU+ 功能、微博的粉丝头条等。通过支付一定费用，可以提升直播间在平台上的曝光率，增加观众数量。
- 社群推广：在社交媒体群组、论坛或社区中发布直播信息，并支付一定的推广费用给群组管理员或版主。这种方式可以精准定位到目标用户群体，提高直播的曝光度和参与度。
- 线下活动推广：通过线下活动如展会、演出等进行直播宣传，吸引观众参与直播。可以在活动现场设置直播二维码或宣传海报，引导观众扫描进入直播间。
- 邮件营销：通过发送电子邮件给潜在用户，介绍直播内容并提供观看链接。这种方式可以针对已有用户或潜在客户进行精准营销。
- 内容付费引流：通过提供高质量的付费内容，吸引用户付费进入直播间。这种方式适用于有独特内容或专业知识的播主，可以通过提供独家内容或增值服务来吸引付费观众。

通过上述方法，主播或企业可以根据自己的实际情况和目标受众选择合适的付费引流策略，以提高直播间的人气和转化率。需要注意的是，付费引流应该结合直播内容的质量和吸引力，以及后续的用户留存策略，才能实现持续的流量增长和商业价值。

例如，抖音直播可根据自己的需求发出推广计划，吸引更多粉丝进入直播间或吸引更多人关注等。随意点开一个直播间，单击"…"按钮，如图 5-27 所示。即可看到"小店随心推"选项，单击该选项，如图 5-28 所示。系统自动跳转至推广页面，可设置推广金额、带来效果等内容，如图 5-29 所示。

图 5-27　单击 "…" 按钮

图 5-28　单击 "小店随心推" 按钮

图 5-29　设置推广内容

与抖音相比，快手和淘宝的直播付费推广更为复杂，但也更为精准，并有多种选项供大家选择。

子任务 5.4.3　短视频引流

用短视频引流到直播间的方法有很多，可以归纳为以下几种。

- 短视频平台推广：在短视频平台上发布与直播内容相关的短视频，并在视频描述或标签中提及直播信息，如直播时间、主题等。同时，利用短视频平台的推荐算法，通过点赞、分享和评论等方式增加视频曝光率，吸引更多用户点击进入直播间。
- 直播预告短视频：制作专门的直播预告短视频，提前发布在短视频平台上。这些预告视频可以展示直播的精彩片段、亮点内容或者主播的魅力，激发观众的兴趣和好奇心，从而引导他们关注并预约直播。
- 合作与联动：与其他短视频创作者或意见领袖进行合作，互相推广对方的直播间。通过合作视频、互相点赞和评论等方式，扩大双方的受众范围，提高直播间的曝光度。
- 利用短视频平台的直播功能：一些短视频平台内置了直播功能，用户可以在短视频平台上直接进行直播。在短视频中引导观众点击进入直播间，实现短视频与直播的无缝衔接。
- 互动与引流：在短视频中设置互动环节，如提问、抽奖等，鼓励观众在评论区留言或参与活动。同时，在直播间中提及短视频内容，引导观众回到短视频平台进行观看和互动，形成良性循环。

需要注意的是，不同的短视频平台和直播间具有不同的特点和受众群体，因此在选择引流方法时需要根据实际情况进行综合考虑。同时，持续优化短视频内容和直播体验也是提高引流效果的关键。

无论在哪个直播平台，都可以发布短视频来为直播引流。特别是在抖音、快手等以短视频为主的平台中，短视频引流更加常见。例如，某主播在抖音平台发布一条关于直播信息的视频内容，如图 5-30 所示。虽然该条视频数据平平，但在视频文案中提及的直播时间段内进入该直播间，可以看到在线用户数达 10 万人，人气还是不错的，如图 5-31 所示。

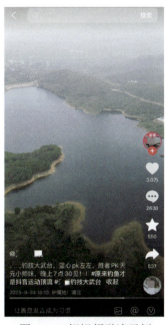

图 5-30　短视频引流示例　　　图 5-31　直播间人气示例

由此可见，主播除了可以通过发布直播预告的视频内容外，还可以发布一些其他与直播相关的视频内容。只要视频制作精美且能引发用户的兴趣，自然能为直播间带来更多流量。在策划短视频为直播引流时，需注意如下几点。

（1）明确直播主题：在短视频内容中说明某场直播的主题，如产品上新、库存秒杀等，以此吸引更多用户进入直播间；

（2）明确直播时间：短视频内容或文案中要点明直播时间，越具体越好，如 9 月 9 日 20:00~24:00；

（3）点明直播价值：想吸引更多用户来直播间，就必须点明这场直播能为其带来什么价值，如抽取免单、半价购买等；

（4）合理安排发布时间：短视频引流的时间也很重要，过早发布则容易被用户遗忘，过晚发布则被用户看到的概率又很小。建议在直播前一天或直播当天发布短视频。

子任务 5.4.4　连麦引流

直播间连麦引流是一种有效的互动方式，能够吸引更多观众进入直播间，提升直播的曝光度和关注度。以下是一些直播间连麦引流的方法。

- 寻找合适的连麦对象：选择与你的直播内容风格相符合、具有互补性的连麦对象。

可以是其他主播、有一定影响力的用户或者与你的直播主题相关的专家。通过合作，可以共同吸引对方的观众，扩大直播间的影响力。

- 制定吸引人的连麦主题：设计有趣、独特且与观众需求紧密相关的连麦主题。主题可以是热点话题讨论、技能展示、问答互动等，以激发观众的兴趣和参与欲望。
- 提前宣传和预告：在连麦活动前，通过社交媒体、短视频平台、直播预告等方式进行广泛宣传。告知观众即将进行的连麦活动，并强调其独特性和吸引力，引导观众关注和预约直播。
- 利用直播间功能提升互动：在直播过程中，积极使用直播间的互动功能，如弹幕、点赞、送礼等，与观众进行实时互动。同时，可以设计一些互动环节，如抽奖、答题等，增加观众的参与感和黏性。
- 引导观众关注和分享：在连麦过程中，不断提醒观众关注你的直播间，并分享直播链接给他们的朋友和家人。可以设置一些奖励机制，如分享直播间即可参与抽奖等，以激发观众的分享热情。
- 优化直播质量：确保直播间的画面清晰、音质流畅，提升观众的观看体验。同时，注意直播间的布局和背景设计，使其更具专业性和吸引力。
- 分析数据和优化策略：在连麦活动结束后，及时分析直播数据，了解观众的行为和喜好。根据数据反馈，调整和优化连麦策略，提高引流效果。

需要注意的是，直播间连麦引流需要双方主播的共同努力和配合，如图5-32所示。在合作过程中，要保持良好的沟通和协调，确保连麦活动的顺利进行。同时，也要尊重对方的权益和利益，实现共赢发展。

图5-32　两个主播连麦截图

在直播电商中，有相似用户的两个主播可以通过连麦来引流。例如，主播小A所在的直播间主营产品是女装，目标用户多以女性为主；为直播间获得更多流量，她可主动发起与主营鞋包的直播间连麦。因为她们的目标用户高度相似，且不冲突，二者连麦合作有机会带来更多销量。

任务 5.5　直播间玩法

无论哪种类型的直播间，想获得更高的人气和流量，必须有一些活动加持，以淘宝直播为例，可以设置抽奖活动、秒杀活动以及关注小卡等。

子任务 5.5.1　抽奖活动

抽奖是主播与直播用户互动、拉新涨粉的利器，能活跃直播氛围，提升流量。例如，某直播间的抽奖活动弹窗如图 5-33 所示。

图 5-33　某直播间的抽奖活动弹窗

抽奖类活动是直播间最常见的活动玩法，抽奖类活动类型如图 5-34 所示。

图 5-34　抽奖类活动类型

（1）问答式抽奖：主播提出问题，率先给出正确答案的用户可获得礼品。

（2）动态点赞抽奖：主播让用户在特定环境下点赞，抽取幸运用户赠送奖品。

（3）开播福利抽奖：在开启直播的第一时间，先来一波抽奖，将流量主动汇集在一起,提升直播间的排名。

(4)整点抽奖:整点抽奖指的是在整点时抛出的抽奖活动。

(5)悬念抽奖:悬念抽奖也称为不定时抽奖,指主播没有提前预告,也没有形成固定时间点的抽奖活动。

以上5种抽奖活动都有利于直播间数据的提升,主要作用体现在如图5-35所示的几方面。

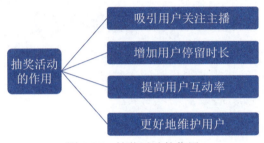

图5-35 抽奖活动的作用

(1)吸引用户关注主播:很多抽奖活动都以关注主播为前提,如果某用户中奖,但却没有关注主播,那么获奖名额无效。故在开启活动前,主播都会主动提醒用户点击关注,如此一来可以吸引更多用户的关注;

(2)增加用户停留时长:在开始问答式抽奖、点赞抽奖以及整点抽奖前,主播会主动提醒接下来有抽奖活动。此时有离开直播间的用户,难免会在抽奖的诱惑下,再停留几分钟,直至抽奖结束,因而可以增加用户停留时长;

(3)提高用户互动率:在问答式抽奖及点赞抽奖时,往往需要用户留言给出答案或产生点赞行为,能有效提高用户互动率;

(4)更好地维护用户:固定的抽奖活动,有利于吸引忠实用户准时、主动进入直播间进行互动。而用抽奖活动来回馈用户,也更容易增强用户的归属感和互动感。

主播如果能策划好抽奖活动,提升用户关注量、互动率,增加用户停留时长,更有利于直播间的流量获取。

子任务 5.5.2 秒杀活动

对于秒杀,无论主播还是用户都已经司空见惯,特别是带货的直播间秒杀活动出现的更为频繁,因为这有利于提高直播间的转化率。秒杀类活动的玩法也比较简单,主要就是通过限时、限量的方式,引导用户积极购物。例如,某淘宝直播间某鞋子设置"秒杀中"价格,原价65.8元的鞋子秒杀价只要45.8元,如图5-36所示。

秒杀活动一般会用倒计时、抢购等方式营造出紧张、急促、刺激的氛围,刺激用户的参与。主播可在直播后台设置秒杀活动,也可以日常挂货,直接与客服做好配合即可。

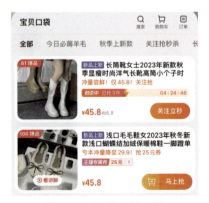

图5-36 秒杀产品示例

子任务 5.5.3 发放优惠券

直播发放优惠券是一种有效的促销手段,可以吸引观众参与直播活动,提高产品销售和品牌曝光。以下是一些有关直播优惠券发放的常用方法、常用技巧与注意事项。

1. 常用方法

直播间直接发放:主播在直播过程中,可以在固定的时间点或者观众达到一定数量时,直接发放优惠券链接或兑换码。这种方式简单直接,观众能即时领取并使用。

互动活动发放:通过设定一些互动环节,如抽奖、答题、弹幕互动等,让观众参与进来,并在活动结束后发放优惠券作为奖励。这种方式既增加了直播的趣味性,又提高了观众的参与度。

关联商品发放:当主播介绍某个商品时,可以发放与该商品相关的优惠券,吸引观众购买。这种方式针对性强,能够直接促进商品的销售。

2. 常用技巧

合理设置优惠券金额与门槛:优惠券的金额和门槛要合理设置,既要让观众感受到实惠,又要确保商家的利润不受过大影响。同时,可以设置不同梯度的优惠券,满足不同消费水平的观众需求。

限时限量发放:通过设定优惠券的发放时间和数量限制,制造紧张感和稀缺感,激发观众的购买欲望。限时限量发放可以让观众在短时间内做出决策,提高转化率。

强调优惠券的使用条件:在发放优惠券时,要清晰地告知观众优惠券的使用条件,如使用范围、有效期等,避免观众在使用过程中产生疑虑或不满。

结合其他营销手段:可以将优惠券发放与其他营销手段相结合,如满减、包邮等,形成多重优惠,进一步提高观众的购买意愿。

分析数据优化策略:定期分析优惠券的发放和使用数据,了解观众的喜好和行为习惯,根据数据反馈调整优惠券的发放策略,提高营销效果。

3. 注意事项

在发放优惠券时,应注意以下几点。

- 确保优惠券的吸引力,比如提供足够的折扣或优惠条件。
- 明确优惠券的使用条件和有效期,避免造成误解。
- 通过直播中的互动和提示,引导观众正确使用优惠券。
- 结合直播内容和产品特性,设计符合目标观众需求的优惠券活动。

在直播中投放红包、优惠券等福利,起到引导粉丝活跃氛围的作用,并在一定程度上刺激粉丝下单,是直播中常见的玩法。例如,某淘宝直播间设置有观看满 10 分钟可领取满 128 元减 10 元的优惠券,其目的就是提升用户停留时长,如图 5-37 所示。

图 5-37 优惠券

综上所述，直播发放优惠券的常用方法与技巧需要综合考虑优惠券的设置、发放方式、使用条件等多个方面，以实现最佳的营销效果。同时，不断优化策略，结合观众需求和市场变化进行调整，才能保持优惠券的吸引力和有效性。

任务 5.6　直播复盘

数据分析是直播运营中的关键环节，因为任何一种营销方法，都有数据在支撑，直播电商营销也不例外。每个数据背后都有价值，部分数据直接披露了问题，主播只有找到这些问题，并解决问题，才能减少类似问题的发生，让直播间处于正向、积极的运营状态。

子任务 5.6.1　直播数据分析思路

直播数据分析是一个循序渐进的过程，并非直接看几项数据就简单地下定论。直播间数据分析的基本思路如图 5-38 所示，分为以下 4 步。

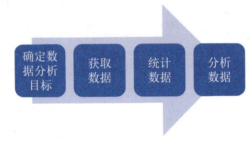

图 5-38　直播间数据分析的基本思路

第 1 步：确定数据分析目标

目标决定内容，故在数据分析的第 1 步，就是确定数据分析目标。常见的数据分析目标如下所示。

（1）深挖直播间数据波动的原因，例如，数据上升或下降的具体原因。

（2）提升直播效果，通过直播数据分析有理有据地优化直播内容，从而提升直播效果。

（3）优化直播内容，通过数据规律平台算法及用户喜好，从而有针对性地优化直播内容，提高直播间的各项数据指标。

第 2 步：获取数据

目前常见的获取数据渠道包括账号后台、飞瓜数据、蝉妈妈等。后续内容中将详细介绍这些数据获取渠道。

第 3 步：统计数据

将获取的数据进行统计、分类，其目的是可以更方便地分析数据。例如，将两场直播的重要数据统计在 Excel 中，进行统计、分类。

第 4 步：分析数据

在完成前三步后，接下来需要完成分析数据的工作。分析数据需要用到一些方法，如对比分析法、特殊事件分析法等。

子任务 5.6.2　直播数据分析工具

观看视频

数据获取是数据分析的前提，很多工具都提供数据，如账号后台、飞瓜数据、蝉妈妈等。

1. 账号后台

主播可通过直播平台查看直播数据，如淘宝直播推出新版主播实时数据（即 PC 网页版"智能数据助理"）工具，供主播或商家查看数据。

2. 飞瓜数据

飞瓜数据是一款短视频及直播数据查询的专业工具，为商家、达人、品牌方等提供多维度的抖音、快手榜单排名、电商数据、直播推广等实用功能。

3. 蝉妈妈

蝉妈妈是一款国内知名的数据分析服务平台，致力于通过大数据帮助大家实现精准营销。蝉妈妈支持找达人、找爆品、找直播间、找素材、找品牌 / 小店等功能。使用蝉妈妈查看直播数据的步骤如下。

第 1 步：打开蝉妈妈网站，登录账号，点击"直播"选项下的"直播库"按钮，如图 5-39 所示。

图 5-39　点击"直播库"按钮

第 2 步：系统自动跳转至"直播库"页面，可根据条件搜索直播间，可看到多个直播间数据，如达人、开播时间、直播时长、人气峰值、观看人次、商品数、销售额、销量等，如图 5-40 所示。

图 5-40　"直播库"页面示例

第 3 步：点击进入某一直播间，可查看直播间人气数据和带货数据，如图 5-41 所示。

图 5-41　直播间数据示例

主播除了查看人气数据和带货数据以外，还可以进行流量分析、商品分析、观众分析，并对该场直播进行诊断。

子任务 5.6.3　直播数据分析方法

在进行直播数据分析的过程中，需要掌握一些科学的数据分析方法，这样才能更加全面、精准地分析数据。常见的直播数据分析方法有对比分析法、细分分析法、AB 分析法、特殊事件分析法等。

1. 对比分析法

对比分析法是指将两个或两个以上相关联的数据指标进行比较，通过比对的形式来体现它们之间的差异，以此来了解数据内部规律的一种分析方法。对比分析法最大的特点在于可以精准、量化地展示出要对比的数据之间所存在的差异。例如，某主播分别为两款产品设置秒杀活动，经过对比两款产品销售量，可以直观地看到，A 产品销售量远远高于 B 产品，如图 5-42 所示。

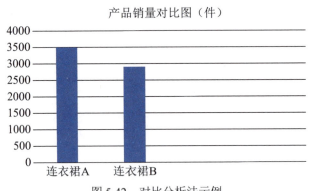

图 5-42　对比分析法示例

在直播数据分析中，可以针对不同时期的数据、竞争对手或行业的数据、优化前后数据及活动前后数据进行对比分析。

1）不同时期之间的对比

在做数据透视表的时候，环比增长率和同比增长率，就是使用的两个不同时期的数据指标在进行对比。例如，用当前数据和历史数据进行对比分析，通过结果了解直播间现阶段的运营状况。

2）与竞争对手或者行业对比

用自身的数据和竞争对手或者行业大盘的数据进行比较，可以了解到直播间目前在行业中处于一个什么位置，是否还需要进一步优化和提升。例如，通过和竞争对手比较看出直播间最大的问题在于直播间的转化率太低，这时就应该进一步分析为什么直播间的转化率不如竞争对手，进而想办法提高直播间的转化率。

3）优化前后的对比

为实现直播间的经营目标会进行许多优化调整，比如调整直播时间、调整商品布局等。如果不进行优化前后的对比分析，往往很难知道所做的调整是否得当，优化效果是否明显，所以在进行优化调整后，需要将优化前后的数据进行对比分析，以便及时了解优化的效果。

2. 细分分析法

细分分析法是指按照一定的参考标准，将整体数据细分为若干个数据，再进行内部分析与统计的一种分析方法。

在进行数据分析时，根据不同的维度对数据进行细分，在细分的过程中找出具有代表性的核心数据进行深入分析，从而得到更精准的数据分析结果。例如，主播可以按照以下几个维度对数据进行细分。

（1）区域：从区域的维度对数据进行细分，比如针对观众集中区域进行人群属性的细分，可以快速、精准地获取主要观众群体相关信息。

（2）时间：从时间的维度对数据进行细分，不同时间段会呈现出不同的数据，比如根据数据分析观众每天观看直播的高峰时间段。

（3）渠道：从渠道的维度对数据进行细分，比如在分析成交转化率时，从自主访问、付费推广、老用户推荐等不同渠道所产生的成交转化率肯定是不一样的，可以针对不同渠道的用户制定不同的营销方案。

（4）用户：从用户的维度对数据进行细分，不同的用户群体他们的需求和属性是完全不同的。

（5）行业：从行业的维度对数据进行细分，要想深入地研究某一细分领域的核心数据，就需要对行业进行细分。

细分分析法是一个比较复杂的过程，需要根据不同的切入点进行分类，而不同的切入点则可能会产生不同的细分结果。所以，使用细分分析法时需要把握好切入点，以最佳切入点来进行细分，才能得到比较精准的数据分析结果。

3. AB 分析法

AB 分析法是指为实现同一个目标而定制的 A、B 两个方案，A 为目前方案，B 为新方案，通过测试比较这两个方案所关注的重要数据，然后直接选择效果最好的那个方案。例如，在直播带货前期，为了更好地优化商品组合，都会上架多个商品，分别测试各个商品的数据，最终选出各项数据都较好的商品，作为该直播间带货的主要商品。

4. 特殊事件分析法

事件分析法是一种用于研究重大事件对公司层面变量短期影响的计量方法；而特殊事件分析法则是指当出现特殊事件时数据异常情况。例如，在分析直播数据时，有的数据异常可能与某些特殊事件相关，如直播入口改变、账号标签变更、开播时间变化等。因此，在分析直播数据时，也要注意记录这些特殊事件，以便分析数据变化与特殊事件之间的关系。

子任务 5.6.4 直播数据常用指标

在直播数据复盘的过程中，主播必须要进行数据分析，在回顾直播流程时用量化数据总结直播表现。直播间的后续操作有很大一部分要通过数据指引方向，主播可以分析数据来制订相应的执行方案并进行测试，以优化直播数据。

以抖音直播为例，直播间数据分析的常用指标包括如图 5-43 所示的观众画像数据指标、流量数据指标、互动数据指标、转化数据指标四大类。下面以第三方数据分析工具"蝉妈妈"为例来介绍抖音直播间数据分析的常用指标。

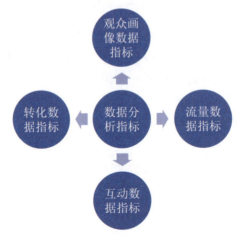

图 5-43 直播间数据分析的常用指标

1. 观众画像数据指标

观众画像数据指标包括观众的性别分布、年龄分布、地域分布等。通过观众画像数据指标分析，有利于更全面地了解直播间的观众特征，从而提供满足其需求的内容及商品，提高观众的购买欲望和消费金额。例如，某抖音直播间的观众性别分布与年龄分布分析如图 5-44 所示。通过对该直播间观众的性别和年龄分析来看，该直播间的观众主要集中在 24~30 岁的女性身上，这类人群可能对服饰、美妆等商品比较感兴趣，在选品时应重点考虑这类商品。

图 5-44　某抖音直播间的观众性别分布与年龄分布分析

2. 流量数据指标

流量数据指标包括直播间的在线人数、进场人数、离场人数，以及累计观看、人气分值和平均停留时长等。如图 5-45 所示，为某直播间的在线流量趋势图。

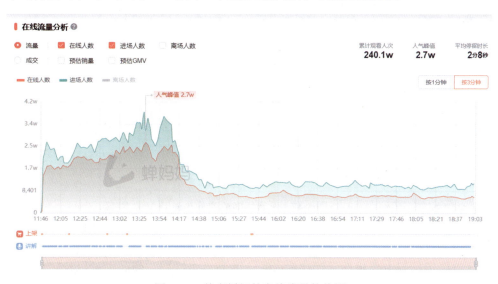

图 5-45　某直播间的在线流量趋势图

3. 互动数据指标

互动数据指标包括互动情况和弹幕热词等。其中，互动情况主要是分析直播间的累计点赞数和累计评论数。如图 5-46 所示为某直播间的累计点赞数和累计评论数趋势图。

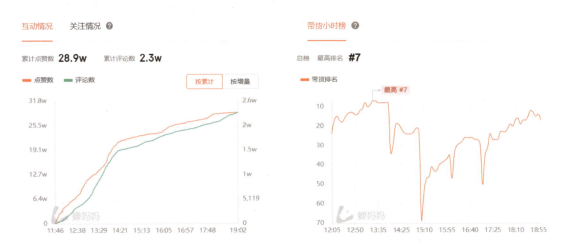

图 5-46　某直播间的累计点赞数和累计评论数趋势图

弹幕热词又称弹幕词云，词云是指通过形成关键词云层或关键词渲染，对网络中出现频率较高的关键词进行视觉上的突出，它过滤掉了大量文本信息，使浏览者可以一眼看到文本主旨。某直播间的弹幕热词如图 5-47 所示，主要集中在"上衣""好看""链接"等。

图 5-47　某直播间的弹幕热词

4. 转化数据指标

转化数据指标则主要包括累计观看人数、商品点击次数、商品销量以及转化率等。主播可在直播后台或数据分析工具中查看这些数据，某直播间的转化漏斗图如图 5-48 所示。

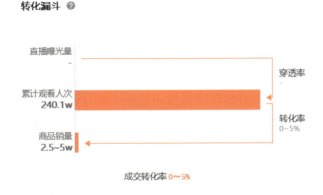

图 5-48 某直播间的转化漏斗图

子任务 5.6.5 制订优化数据方案

直播平台的评判系统非常智能,如果直播间在一次直播时表现很差,那么下次该直播间直播时,平台就不会给予它更多的展示和曝光了;相反,如果直播间在一次直播时表现很好,那么下次该直播间直播时,平台就会为其提供更多的展示和曝光机会。所以,想优化直播间,就必须提升直播间的各项数据,如在线数据、留存数据以及转化数据等。这里介绍一些提升这些数据的方法与技巧。

1. 提升直播间在线数据

影响直播间在线数据的关键因素主要是访客的停留时长。访客在直播间停留时间越久,说明直播内容对访客的吸引力越强,直播间的热度也会越高。访客停留时长,主要是受直播内容和直播间环境两大因素影响。

1)直播内容

如果访客一进入直播间就立马退出来,那肯定是没有办法为直播间增加热度的,所以,如何留住进入直播间的访客就显得至关重要了。访客最后是否会选择停留在直播间,或者停留多久,更多的还是取决于直播的内容,所以直播脚本的策划必不可少,主播一定要梳理清楚直播的内容,并且掌控整场直播的互动节奏,让整场直播有趣而不枯燥。

一般来说,直播内容中可以设置一些抽奖或者送礼的小活动来吸引访客的注意力,比如观看直播时长达到 1 分钟即可领取优惠券。主播需要在直播过程中向访客反复强调这些活动,引导访客关注直播间,从而锁住访客,就可相应地提高访客的停留时长。例如,某直播间设置的"主播好礼"活动,首先关注主播可以领取"199 元 -10 元"的优惠券,其次观看直播满 10 分钟可以领取"50 元 -3 元"的优惠券。

2)直播间环境

很多商家或达人都会忽略直播间的布置,但直播间的环境和背景布置非常重要。直播间的环境背景,是访客对该直播间的第一印象,如果第一印象不好,访客自然不会愿意留在直播间与主播进行深入的互动。

所以，一定要注意直播间的背景布置，直播背景一定要与主播或者品牌的风格相统一。

2. 提升直播间留存数据

直播间的留存数据可以很好地印证直播间是否有能力让更多用户经常回访直播间，同时也可以为直播间排除"刷粉"的可能性。直播间的留存数据主要与用户回访、同时在线人数、引导关注和互动分享4个方面有关。

1）用户回访

用户回访主要会涉及3部分内容，分别是主播的个人魅力、商品的更新速度以及用户分层设置。

主播的个人魅力：在直播中有一个很重要的概念，叫做"关注欲"，只有提高用户的关注欲，才能最大限度地增加用户回访的可能性。关注欲就是指主播是否具备足够的个人魅力，能够让用户喜欢他、关注他，从而产生每天都想看他直播的欲望。例如，头部主播一般都能收获很多忠实用户，部分用户即使不购买商品，也会坚持每天去他们的直播间"打卡"，观看他们的每一场直播。

商品的更新速度：商品的更新速度对于用户回访来说也是非常重要的。在直播带货领域，翡翠玉石行业之所以能做得风生水起，其主要原因就在于该行业的商品几乎都是孤品，每一次直播的商品都不一样，能够带给用户很强的新奇感，从而迫使他们长期留守直播间。翡翠玉石行业的商品更新频率远远大于任何一个行业，这也为销售该类商品的直播间进行用户留存奠定了很好的基础。

用户分层设置：为了增加用户回访概率，可以对直播间用户进行分层设置。比如，某直播间将用户分为新粉、铁粉和钻粉，不同的用户层级可以享受不同的待遇，拥有不同的福利。用户的层级越高，可以获取的福利也越多，这样就会促使很多用户每天到直播间来"打卡"，以提升自己的用户层级。

2）同时在线人数

在直播间，每分钟都有人进来，每分钟也会有人退出，所以直播间的同时在线人数总是在不断变化的。作为直播间的运营者，需要通过直播的内容、商品和福利，最大限度地将进入直播间的用户留在直播间，这样才能有效提升直播间的在线人数。

在判断一个主播能力的时候，往往会参考的一个数据就是同时在线人数，因为同时在线人数反映的是主播的留客能力。例如，每隔半小时观察直播间在线人数，如果是正增长，说明主播能不断地将用户留在直播间；反之，则说明主播的留客能力较差，需要在内容和直播技巧上进行一些调整和改进。

不过在观察这个数据时需要注意一些外在因素的影响，例如，主播从18点开播，到了19点后直播间人数开始正增长，此后不断有人进出，这很有可能是因为到了晚上高峰期时段，平台的流量自然增长所带来的结果。所以在播后复盘的时候，运营人员还需要参考直播间观看次数以进行对比。

3）引导关注

在直播间中，主播会通过各种途径去吸引用户关注直播账号。但如果想让进入直播间的用户去关注自己的直播账号，将其变为自己的粉丝，就必须给用户一个充分的关注理由，也就是前面所说的激发观众的关注欲。让用户关注直播账号的常见理由有以下几个。

（1）用户很喜欢直播间的商品，虽然这次直播没有购买商品，但下次观看直播的时候有可能会购买商品，关注直播间是为了方便下次观看直播时，能够快速找到该直播间。

（2）直播间的活动很丰富，经常为用户发福利，比如每次直播都有整点发红包的活动。

（3）关注主播、关注直播间可以领取优惠券等福利。

除了上述所列的关注理由以外，让用户关注直播账号的理由还有很多，关键就看直播间给出的这些关注理由有没有吸引力，能不能成功让用户点击"关注"按钮。

4）互动分享

直播不是主播一个人的"自嗨"，用户一定要有参与感，因为只有氛围活跃的直播间才能吸引到更多的用户。要想调动直播间用户的积极性，抽奖、限时秒杀等活动都是不错的办法，但在设置这些活动时需要一定的技巧。例如，某直播间让用户在留言中打出数字"关注主播，领取优惠券"，即可参与直播间9.9元秒杀大礼包的活动。除此以外，主播还可以通过提问的方式，来增加与用户之间的互动。为了照顾到部分用户的感受，主播也可以自己点该用户的名字，这样用户会更愿意主动与主播进行互动。

直播平台也希望能够从站外引入更多的流量，所以十分看重用户的分享行为，因此，分享这一行为在直播间的权重占比也是非常大的。运营人员可以在直播间设置分享即可领取优惠券的活动，并让主播在直播中引导用户参与分享领券的活动。主播也可以直接在与用户聊天或讲解商品的过程中，不经意地引导用户将直播间分享给其他朋友。

3. 提升直播间转化数据

直播间的转化数据是指本场直播的销售金额，在直播间中能够影响转化数据的行为有3个，分别是点击商品、加购和点赞。

1）点击商品

直播商品的点击率是提升直播间转化数据的一个重要因素，主播在直播过程中一定要注意引导用户经常到购物袋去查看直播商品，最好能够促使用户点击商品链接，进入商品详情页进行查看。用户在直播间查看直播商品时，通常会在购物车中一件一件地点击进行查看，所以直播间销售的商品数量越多，用户点击商品的概率也就会越大。另外，制作的直播商品主图一定要十分精美、有吸引力，让用户看一眼就能产生点击的欲望。主播也可以将本场直播的主推商品或者热卖商品置顶，并在直播过程中人为地引导用户去查找商品链接。比如，在介绍商品时，说清楚该商品在几号链接，以方便用户查找；或者让用户联系客服，并通过对暗号的方式，为用户提供商品链接。

2）加购

很多主播会认为，用户到了"加购"这一步就意味着要下单成交了。因此，主播会把加购和成交看成是同一件事，但事实上，加购并不等于成交，而且用户加购物车的这个行为也将直接影响直播间的转化数据。有的用户为了刷亲密度，会主动去加购物车；也有的用户加购是为了先关注这个产品，要不要下单购买还需要再考虑。但是只有在主播的人为引导下去进行的"加购"行为，才能有效提升直播间的权重，所以，主播需要不断引导用户进行加购，还需要让用户多点击产品，引导用户浏览产品详情页。

在直播间的权重数据中，直播间产品的点击次数其实也是影响直播间权重的因素之一，如果主播把一个产品上架放入产品列表，但在整场直播过程中，该产品都没有用户点击，那么直播间的用户就会认为这个产品没有吸引力，这就是产品点击次数背后所代表的意义。我们发现直播间商品上架往往会有两种方式：一种是把当场直播需要销售的产品，全部一次性都上架，然后主播再按照顺序一个一个讲解。另一种是主播该讲哪个商品了，再把这个商品上架，等把该商品介绍完，就倒数10秒，然后下架。再上架下一个商品，这样直播间中永远都只有一个商品。那么，采用哪一种方式上架的产品更加容易被用户点击呢？通过统计，我们发现"主播讲解一个产品，上架一个产品"的方式更容易使用户点击产品链接，同时，这样的好处还可以防止用户误点击。所以，主播在直播中除了关注用户有没有成交，更需要做的是不断引导用户去加购，去点击产品浏览产品详情页，这样可以有效增加直播间的权重。

3）点赞

大部分主播都会认为，点赞是直播间权重的重要影响因素之一，但事实上点赞所占的比重并不高，其主要原因是平台系统很难判断直播间的"点赞"行为是否是内部人员在操作，所以点赞量在店铺权重中所占的比重并不高。

直播间的点赞量虽然对直播间权重的影响并不大，但点赞属于直播间的整体互动行为，对于活跃直播氛围有着至关重要的作用。主播在直播时，往往会引导用户一边看直播一边点赞。比如，有的主播会告诉用户，点赞达到一定数量就进行抽奖或者发福利等，利用这种方式鼓励更多的用户进行点赞操作。这样做的好处是能够使用户成为直播的参与者，提升用户对直播间的黏性，因此，点赞是主播与用户互动的重要工具之一。主播同样也可以通过"设置优惠券＋主播口头性引导"的方式，来促使用户为直播间点赞。

直播间只有各项数据都表现优异，才能提升直播间权重，从而提高直播效果。大家应该掌握这些常见的可提升直播在线数据、留存数据和转化数据的小技巧，如关注有礼、粉丝福利、抽奖活动、开门红包、引导评论、限量限价、价值刺激等。

课堂实训 1　抖音开播操作

步骤 1：手机端登录"抖音"App 进入抖音"推荐"页面首页,点击 ⊕ 按钮,如图 5-49 所示。

步骤 2：系统自动跳转至"快拍"页面,点击右侧的"开直播"按钮,如图 5-50 所示。

图 5-49　点击 ⊕ 按钮　　　　图 5-50　点击"开直播"按钮

步骤 3：系统自动跳转至"视频直播"页面,会默认上次直播的封面和标题,如果想修改,可对信息进行修改(这里以修改标题为例,输入标题,点击"完成"按钮),如图 5-51 所示。

图 5-51　修改标题

步骤 4：点击"开启位置"按钮，可选择显示位置或隐藏位置（这里以选择"显示位置"为例，让附近的人看到直播间），如图 5-52 所示。

步骤 5：点击"所有人可见"按钮，可设置直播可见范围（这里以选择"公开：所有人可见"为例，让所有人看到直播间），如图 5-53 所示。

图 5-52　选择"显示位置"　　图 5-53　选择直播可见范围

步骤 6：点击"选择直播内容"按钮，可设置直播内容（这里以选择"旅游风景"为例），如图 5-54 所示。

步骤 7：设置好直播封面、标题、位置等信息后，点击"开始视频直播"按钮，如图 5-55 所示，系统自动跳转至抖音直播开播页面，如图 5-56 所示。

图 5-54　选择直播内容页面　　图 5-55　点击"开始视频直播"按钮　　图 5-56　抖音直播开播页面

课堂实训 2　手机端添加直播商品

步骤 1：打开并登录淘宝直播 App，进入直播间，点击左下角的"上架"按钮，如图 5-57 所示。

步骤 2：系统自动跳转至选择商品页面，点击选择商品，如图 5-58 所示。如果一直未创建过商品，可先新建商品信息。

步骤 3：系统自动跳转至直播页面，可查看之前添加的商品信息，如图 5-59 所示。

图 5-57　点击"上架"按钮

图 5-58　选择商品

图 5-59　直播页面

课后作业

1. 分析三个热门直播平台火热的原因。
2. 设计一条服装类产品直播脚本。
3. 列举三种常见的直播间玩法活动。